MUERTES OSCURAS

FÉLIX J. FOJO

Copyright © 2018 Félix Fojo

All rights reserved.

Título: Muertes oscuras

Autor: Félix Fojo

Edición y Maquetación: Armando Nuviola

Diseño de portada: Armando Nuviola

Copyright © 2018 All rights reserved.

ISBN: 10: 0998822264

ISBN-13: 978-0998822266

Prohibida la reproducción total o parcial, de este libro, sin la autorización previa del autor.

infoeditorialunosotros@gmail.com
www.unosotrosculturalproject.com

Made in USA, 2018

ÍNDICE

Introducción 7

Edgard Allan Poe. Breve historia clínica 11

Suicidio y poesía 21

¡Sí, acabo de matar a John Lennon! 31

La extraña muerte de Julián del Casal ... 40

¿Murió de pena Oscar Wilde? 46

Elmyr de Hory: Farsa o suicidio 52

¿De qué murió la Niña de Guatemala? .. 58

Rosalind Elsie Franklin y las damas ocultas de la ciencia 70

Cuatro grandes y una enfermedad 90

Una película maldita 96

¿De qué murió el presidente Garfield? .. 100

La muerte viaja en automóviles 109

Morir joven 124

Muertes oscuras 136

Introducción

Comencemos para entrar en materia, por narrarles algunos pormenores de un caso del que tuve referencias fidedignas, incluso escritas, y que sirvió para que los compañeros que estaban de salida me alertaran acerca de la sana duda que todo profesional de la medicina debe tener ante la muerte, cualquier muerte, sobre todo cuando somos nosotros los que debemos certificar clínica y legalmente sus causas.

Mientras realizaba el servicio médico rural en la provincia de Oriente, Cuba, en los años 70, conocí del caso de un anciano que había muerto varios años antes en mi área de trabajo, alrededor de 1964 o 1965, aparentemente de una hemorragia cerebral. Lo cierto es que un médico joven e inexperto, como casi todos nosotros en ese entonces, había expedido, previo somero examen físico del cadáver, sin llevar a cabo una autopsia por no considerarla necesaria, el correspondiente certificado de defunción corroborando este diagnóstico.

Pues bien, al desatarse un tiempo después una desagradable disputa familiar por unas parcelas de tierra, una modesta casita, algún dinero en efectivo y unos animales, todo el patrimonio heredable del anciano de marras, el problema escaló al extremo de tomar cartas en el asunto la policía y decretar la fiscalía una exhumación del cuerpo del occiso. Y sí, en efecto, una vez llevado a cabo el auto jurídico, se confirmó la hemorragia cerebral, que debe haber sido muy abundante, como causa de muerte, pero no producida por un accidente vascular ateroesclerótico como se creía y cómo se había certificado legalmente sino por un clavo de línea, un polín ferrocarrilero de unos diez centímetros de largo que penetraba por la región occipital (cubierta la cabeza plana del objeto metálico por el abundante cabello de la nuca) y permanecía, como testigo acusador, dentro del cráneo del difunto.

Eso, sin lugar a dudas, había sido en su momento una muerte impensable, oscura, en realidad un asesinato, aunque al inocente galeno que llenó el certificado inicial de defunción ni se le pasó por la mente semejante acontecimiento.

¿Por qué? Porque en su inexperta candidez juvenil creyó lo que vio superficialmente y lo que le contaron: Hombre en la tercera edad con años de padecer enfermedades crónicas reconocidas y bien documentadas, entre ellas la hipertensión arterial, una respetable familia campesina compuesta por gente sana y dedicada al trabajo duro, un entorno rústico pero amistoso y socialmente reconocido, una explícita armonía familiar aparentemente sin fisuras, en fin, lo ideal… para equivocarse y meter la pata.

Y de muertes así, oscuras, extrañas, sospechosas, sin explicaciones claras y definidas, o con muchas posibles explicaciones contradictorias, no concordantes, anómalas, está llena la azarosa historia de la medicina que no es más que la historia de la humanidad.

Claro que no estamos insinuando que todo el mundo muere asesinado, no, y menos con un clavo de hierro dentro de la cabeza, pero de lo que estamos razonablemente seguros, después de una experiencia médica bastante extensa y de leer historia, buena historia por muchos años, es que muchas causas de muerte, sobre todo en personas poderosas y/o famosas, aunque también en simples mortales del montón, merecen, en nombre de la justicia histórica y de un acercamiento razonable a la verdad, una nueva y más cercana mirada.

No intentamos hacer en este sencillo volumen paleopatografía, esa especialidad forense relativamente nueva que estudia in situ, y con tecnología de avanzada, osamentas, momias y tumbas con el fin de diagnosticar, como se haría en un hospital ultramoderno, las más recónditas enfermedades y causas de muerte de los finados que yacen bajo los microscopios y aparatos de resonancia magnética.

Nuestras expectativas son mucho más modestas pero se alimentan del mismo entusiasmo por ir un poco más lejos en el diagnóstico, la clave médica por excelencia, por ofrecer una nueva visión de ciertos eventos terminales, por ahondar, con el bisturí de la lógica clínica y el sentido común, en algunos tópicos, narraciones de hechos que se repiten una y otra vez y no siempre se amoldan al pensamiento racional. No aspiramos, eso es obvio, a encontrar clavos de línea en todos los cráneos; nos conformamos con que el lector encuentre, alguna que otra vez, un detalle o una posible explicación que se ha pasado por alto anteriormente o que pueda tentar a un investigador en ciernes a una pesquisa histórica más detallada.

Pero si todo esto resulta muy complicado, nos sentimos satisfechos entonces con relatar a nuestros lectores alguna que otra nueva faceta histórica, revelarles los episodios finales de ciertos personajes que hayan pasado desapercibidos y sobre todo, y creo es lo más importante, entretener, fin legítimo y último de la literatura.

Los invitamos entonces a un viaje por parajes algo macabros y sombríos, es verdad, pero al fin y al cabo interesantes.

Aspiramos a que lo disfrute.

El autor

Edgard Allan Poe. Breve historia clínica

Solo cuarenta años. Sí, aunque nos cueste creerlo, el periodista, editor, poeta, cuentista, novelista y ensayista norteamericano Edgar Allan Poe, padre de la novela policíaca, del simbolismo, del denominado romanticismo oscuro y en cierta medida del gótico americano y de la ciencia ficción, una de las personalidades literarias más influyentes de los últimos dos siglos y de lo que va de este, apenas vivió cuarenta años, del 19 de enero de 1809 al 7 de octubre de 1849.

Y no nos extrañemos, amigo lector, la obra de Poe, ese maestro de la racionalización de lo irracional, retrata y anuncia la muerte en todas sus formas y manifestaciones: la muerte natural, la premeditada, la misteriosa, la accidental, la equívoca, la plácida, la truculenta, la imaginada, la soñada, la deseada, la rechazada. Era Poe un obseso de la muerte, no importa si amiga o enemiga, que anuncia y cumple temprano su destino. Un rasgo, desconozco si se ha señalado antes, que lo emparenta con otro muerto temprano, el cubano José Martí, quien, por cierto, dejó inconclusa la traducción al español del poema de Poe titulado *Annabel Lee*, pero esa es una historia que no corresponde a este lugar.

Lo sorprendente es que un

hombre que comenzó realmente a hacer literatura a tiempo completo a los 27 años de edad (A los 18 publicó un pequeño libro de poemas, *Tamerlane and Others Poems*; y desde los 22 o 23 hacía algo de periodismo), y por tanto apenas tuvo trece años para desarrollarla, haya marcado de una manera tan profunda a tantos escritores, pintores, músicos y cineastas posteriores o incluso muy posteriores: Baudelaire y Rimbaud, Robert Louis Stevenson y H.P. Lovecraft, Conan Doyle, Mark Twain, Oscar Wilde, Julio Verne, Dostoievski, Valdimir Nabokov, Mallarme, Rubén Darío, Andrés Caicedo, Julián del Casal, Wilkie Collins y Agatha Christie, Cortázar, Jorge Luis Borges, Ray Bradbury, Stephen King, Manet y Matisse, D.W. Griffith y Roger Corman, Federico Fellini y Alfred Hitchcock, Lou Reed y David Bowie, Debussy y Ravel, y muchos, muchos más que abiertamente lo reconocen y agradecen o que no lo mencionan o lo esconden, da igual.

Tal y como lo expresó en un poema dedicado a Poe el argentino Jorge Luis Borges:

...Quizás, del otro lado de la muerte, siga erigiendo solitario y fuerte, espléndidas y atroces maravillas...

Pero más sorprendente resulta saber que en esa corta vida Poe sufrió importantes quebrantos de salud y ciertas adicciones, incluyendo entre ellas el alcohol, el opio y el juego, además de la pérdida abrupta de varias mujeres a las que amaba —también de forma adictiva—, incluyendo entre ellas la imagen de su madre (en realidad no la conoció pues murió cuando él tenía dos años) y a su extremadamente joven esposa, y además sobrina, Virginia Clemm, con la que se casó cuando ella tenía trece años de edad, hechos todos que conspiraron —¿o acaso favorecieron?— en contra de su productividad literaria.

Intentemos entonces, puede resultar interesante, establecer una breve historia clínica del hipotético «paciente Poe», sabiendo de antemano que el diagnóstico de los síntomas y signos clínicos en las penurias de salud del escritor se complica por el hecho de que tuvo enemigos muy agresivos, quizás el adjetivo adecuado sería envidiosos, que echaban a rodar bulos, exageraciones y tergiversaciones sobre las dificultades sociales y físicas del hombre, lo que ha traído confusiones de todo tipo en el intento de biografiar y patografiar a Poe.

Vaya una anécdota que ilustra nuestra afirmación. En una ocasión, una de tantas, se le acusó de haber plagiado al escritor alemán E.T.A. Hoffmann, quien había trabajado un poco antes que Poe el relato de terror: «El (relato de) horror viene de Alemania», le dijeron, y Poe, que no era muy bueno defendiéndose, pero sí era dueño de una sensibilidad exquisita, contestó: «el horror viene del alma».

Y para colmo, el «amigo» y autotitulado albacea de Poe, el mediocre y demostrado falsificador R.W. Griswold, se apropió de sus papeles y escribió, dos años después de la muerte del poeta, un prefacio para sus obras completas y una biografía que han pasado a la historia como uno de los documentos más pérfidos y calumniosos que se hayan escrito sobre una personalidad literaria de primera categoría. La así llamada *Memoria de Griswold* trastocó la percepción pública de Edgard Allan Poe por más de un siglo y aún hoy se siguen repitiendo, sin una crítica seria, algunos de sus asertos.

La aclaración es importante porque muchas de las verdaderas o supuestas actitudes antisociales de Poe las conocemos a través del filtro de estas personas. No hay dudas de que el escritor tuvo problemas, rarezas de comportamiento, adicciones, enfermedades, incluso algunas actitudes que pueden haber bordeado la sociopatía, pero la magnitud cierta de estas manifestaciones hay que tomarlas con pinzas.

Dicho esto, repasemos la anamnesis más o menos confirmada de este genio artístico.

Poe, después de una niñez solitaria y desdichada a causa de la prematura muerte de sus padres, pero con la suerte de vivir una adolescencia desahogada gracias a sus parientes de adopción, Francés y John Allan, que le dieron educación, apellido y le ofrecieron un hogar, comenzó a beber a los diecisiete años de edad. Al mismo tiempo manifestaba cambios de humor que oscilaban entre la depresión y la euforia. El propio Poe los describía así en una misiva a un amigo:

Tengo cambios tan marcados, de la mayor depresión persistente, puedo pasar a una exaltación o júbilo inmenso con una gran voracidad por trabajar.

Un cuadro bipolar bastante evidente que no podía ser diagnosticado en aquel tiempo porque aún no se había descrito. Su alcoholismo era esporádico, pero intenso. Los años que pasó en el ejército fueron muy buenos desde el punto de vista de su estabilidad mental pero su intento por estudiar en la universidad no terminó bien, entre otras cosas por las deudas de juego y la pelea (definitiva) con su padre adoptivo, disputa que lo dejó sin fondos y lo obligó a escribir algunos trabajos mercenarios.

Procede señalar que el alcoholismo de Poe era muy *sui generis* pues bastaban solo uno o dos tragos para que su personalidad y su conducta se deterioraran rápidamente. Hoy sabemos que en algunas personas existe un déficit congénito de una enzima hepática, el alcohol dehidrogenasa (ADH), que, al faltar, incrementa extraordinariamente los efectos tóxicos del alcohol. Es posible que Poe haya padecido esta condición —teoría del investigador Arno Karlen— por demás no muy común, pero no tenemos forma de saberlo con certeza. Como quiera que sea, recaía frecuentemente en la bebida a sabiendas de los desastrosos efectos que debería afrontar luego. Resulta muy significativo este fragmento autobiográfico del escritor:

Como ofensa, mis enemigos atribuyeron mi locura al alcohol en vez del abuso de alcohol a la locura.

¿Es posible que Poe confundiera con locura lo que no era más que una condición genética? Es perfectamente posible, pero la adicción estaba ahí. No obstante, sus problemas no terminan en el alcohol.

En el año 1999 el profesor de neurología C. Bazil (los neurólogos Weissberg, Zumbach e Ingram, en diferentes trabajos, concuerdan con este diagnóstico) postuló la posibilidad de que Poe fuera portador de una epilepsia del lóbulo temporal del cerebro desencadenada, o no, por el consumo de alcohol.

Esta enfermedad neurológica explicaría los cuadros de confusión tan comunes en Poe, los automatismos psicomotores

> ...Como ofensa, mis enemigos atribuyeron mi locura al alcohol en vez del abuso de alcohol a la locura...

—extraños movimientos con las manos, muecas y ensoñaciones— que muchos de sus contemporáneos refieren haber visto en él —o narrados por él mismo— y la ausencia de convulsiones.

Este tipo de epilepsia, denominada epilepsia jacksoniana, no fue descrita hasta unos cuarenta años después de la muerte de Poe por el neurólogo John H. Jackson. En algunos pacientes con epilepsia jacksoniana se ha confirmado el desarrollo de psicosis larvadas (psicosis postictales), lo que pudiera explicar, de ser el caso, el deterioro de la psiquis de Poe en los últimos meses de su vida.

Un médico que atendió a la esposa de Poe y la enfermera María Luisa Shew (a la que Poe enamoraría sin éxito después de la muerte de su mujer), amiga del matrimonio, describen asimetrías faciales «y una rara debilidad en el rostro» del escritor, signos que pueden concordar con la epilepsia del lóbulo temporal. Es sugerente señalar que Poe, que no era médico, describe muy bien crisis epilépticas con alucinaciones en varios de sus cuentos. Se han señalado también, y no deben descartarse como causa de los problemas neurológicos del escritor, los pequeños traumatismos craneales repetidos en el curso de sus crisis de ebriedad y confusión, incluyendo, por supuesto, la mucho más seria que parece haberlo matado.

En los últimos meses de su vida el cuadro confusional que Poe presentaba a veces, se hace más frecuente, se agrava y algunos de sus contemporáneos refieren haber presenciado en él fabulaciones y pensamientos expresados que rayan en lo delirante en el curso de conversaciones y discusiones. En los períodos de exaltación o bajo los efectos del alcohol, Poe se volvía muy locuaz, exuberante, logorreico a veces, y ese síntoma parece exacerbarse en esta etapa final.

Hablemos del controvertido final físico de Poe.

La muerte de Edgard Allan Poe es uno de los episodios trágicos más comentados de la literatura moderna. De hecho, se han postulado unas veinte versiones diferentes —hemos encontrado 22— de las causas y los hechos relacionados con esa muerte, pero por lo menos todas concuerdan en el lugar de su fallecimiento, el Hospital George Washington College, en Baltimore, Maryland.

Tratemos de reconstruir lo

hechos. 1849 fue un año particularmente complicado (¿es que acaso todos los anteriores no lo fueron?) Para Poe: Se le había metido en la cabeza, una vez más, fundar una revista literaria pero no contaba con fondos económicos para llevar adelante tamaña empresa; estaba enamorado con empecinamiento de un viejo amor de adolescencia (Sarah Elmira Royster) pero al mismo tiempo se había enredado con Helen Whitman y probablemente también con Annie Richmond, situaciones sentimentales que él llevaba con poca habilidad, lo que le causaba una gran ansiedad. Supuestamente estaba intentando dejar de beber (sus difíciles novias se lo exigían), lo que puede haberlo puesto aún más nervioso e irritable.

Ahora los acontecimientos finales: Hay varios testigos que Poe sufrió una crisis confusional en el tren en que viajaba de camino a Filadelfia para dar una conferencia (el editor John Sartain fue uno de esos testigos), pero no pudo hacerlo, no podía controlar adecuadamente sus pensamientos, y decidió regresar a Nueva York.

Aquí es donde todo se confunde pues donde apareció realmente Poe fue en Baltimore, ciudad en la que se le encontró varios días después vagando por las calles, o en una taberna (La taberna existía, se llamaba Gunner's Hall y estaba en el 44 East Lombard St.), no hay un acuerdo definitivo en eso. Lo cierto es que vestía una ropa raída y un sombrero de paja que no eran de él y se encontraba en condiciones astrosas e incoherentes. Algunos conocidos lo rescatan y es llevado al hospital. El señor Soundgrass, conocido de Poe y uno de los que lo conducen al centro de salud (el periodista de Baltimore Joseph P. Walker fue otro), alega que el escritor se encontraba en pésimas condiciones físicas —daba pena verlo, dice— pero todavía consciente.

El doctor Moran, médico que lo recibe en el centro hospitalario, enfoca el cuadro como un delirium tremens (una intoxicación alcohólica) pero al mismo tiempo escribe que no tenía aliento etílico y que se niega a beber alcohol (estamos en 1849 y los facultativos pensaron también, con lógica, en una crisis de deprivación). En unas horas cae en coma y muere dos días y medio después. Se cerró el caso como una crisis hepática debido al alcoholismo consuetudinario y una «inflamación cerebral», un término muy común en aquella época para referirse a los óbitos de causas no bien definidas, pero generalmente relacionadas con la ebriedad y las peleas de taberna.

No se practicó una autopsia, lo que nos deja ciegos acerca del estado orgánico (sobre todo el hígado y el cerebro) del poeta.

Lo cierto es que Poe no estaba borracho al momento del ingreso hospitalario y así consta en la referencia escrita por el doctor Moran. Señala muy claramente que el paciente no presentaba aliento etílico ni olor a alcohol en las ropas. ¿Qué situación trágica lo llevó hasta allí y subsiguientemente a la muerte? Repasemos sucintamente algunas de las muchas hipótesis que se han barajado una y otra vez.

1. ¿Fue Poe asesinado para robarle? Poe no tenía un centavo y probablemente no llevaba nada de valor encima. Su invalidez económica era ampliamente conocida. No presentaba heridas penetrantes de importancia si hemos de creerle al doctor Moran.

2. ¿Fue drogado por los cazadores de votos —había elecciones en Baltimore por esos días y cosas así ocurrían con frecuencia— y luego abandonado en una taberna (the cooping theory)? Se ha discutido mucho sobre esto y no tengo elementos para afirmarlo o negarlo. Puede haber ocurrido y es una de las teorías más en boga para explicar los hechos.

3. ¿Fue realmente un coma hepático? El doctor Moran parece haber sido un médico bien entrenado y no refiere en su examen del enfermo íctero (ictericia) ni el

aliento típico de estos enfermos (fetor hepático).

4. ¿Sufrió una caída o un golpe contundente de índole criminal en la cabeza y desarrolló una hemorragia subaracnoidea? Es un diagnóstico que me parece muy probable y explica el progresivo deterioro del estado del paciente terminando en el coma profundo y la muerte. En mi opinión, es el cuadro que más se acerca a la sintomatología (narrada) del paciente.

5. ¿Fue el deterioro acelerado de su condición epiléptica lo que lo mató? Es posible, teniendo en cuenta que en aquel tiempo no existía tal diagnóstico y mucho menos un tratamiento adecuado. Hoy, que una epilepsia jacksoniana termine en la muerte es muy raro, insólito, pero no ocurría lo mismo en aquel tiempo.

6. ¿Apoplejía? Poe todavía caminaba cuando fue rescatado y no se señaló en el examen del doctor Moran ningún signo de focalización. Nos parece sumamente improbable tal acontecimiento.

7. ¿Un tumor cerebral? Las neoplasias del cerebro a veces producen síntomas muy erráticos, pero es difícil que expliquen los cuadros neurológicos de Poe durante tanto tiempo. Aquí se extraña la ausencia de una autopsia.

8. ¿Suicidio? Ocurrió un oscuro incidente, un año antes, relacionado aparentemente con una sobredosis de láudano (legal en ese tiempo). Pero esta vez la sintomatología no se corresponde y el desenlace mucho menos.

9. ¿Estaba Poe tuberculoso y lo ocultaba? Podría ser, pero no se han referido síntomas y signos de tal enfermedad, aunque su esposa sí murió tuberculosa. La forma de ocurrir el óbito no se corresponde con esta enfermedad.

10. ¿Una pneumonía (pulmonía)? Hay un sinfín de cosas que este diagnóstico no toma en cuenta. La sintomatología tampoco se corresponde (Ausencia de tos, fiebre, esputos, falta de aire).

11. ¿Crisis hipoglucémica? No se corresponde la sintomatolo-

gía y nunca se ha probado que Poe fuera diabético.

12. ¿Sífilis? Aunque puede haberla padecido, ocasiones de contagio tuvo, la sífilis terciaria presenta otros signos neurológicos muy diferentes.

13. ¿Envenenamiento por metales pesados, sobre todo mercurio? Es una hipótesis interesante, pero existe un informe, de una muestra de pelo tomada muchos años después, que parece negar el hecho.

14. ¿Cólera? Nadie ha referido diarreas entre los signos que presentaba Poe.

15. ¿Lo mordió un perro callejero y murió de rabia? Los síntomas no se corresponden y no se describieron lesiones de este tipo.

16. ¿Intoxicación por monóxido de carbono? Nos parece una teoría absurda.

Por este camino se han llegado a plantear, como ya mencionamos, más de veinte causas posibles de muerte, algunas incluso traídas por los pelos o inequívocamente ridículas.

Hay que resignarse al hecho de que nunca sabremos la verdad, pero sea lo que haya sido, se apagó ese día siete de octubre una de las mentes literarias más importantes de la historia. Una mente superior desde el punto de vista de la creación literaria que debido a sus debilidades de otra índole debe cargar, además, con una verdadera leyenda negra.

Jorge Luis Borges, que estudió a Poe como pocos, escribió refiriéndose a las horas finales del escritor:

En el delirio repitió las palabras que había puesto en boca de un marinero que murió, en uno de sus primeros relatos, en el confín del Polo Sur. En 1849, el marinero y él murieron a un tiempo. Esas palabras fueron: «*This is the knell of death*».

Es una bella frase, Borges era un maestro en eso, pero no parece corresponderse con la realidad.

Muerto Poe, y con la pena de no haber desentrañado las causas físicas de su fallecimiento, cerremos este breve ensayo con el dictamen del poeta francés Charles Baudelaire, casi con toda seguridad el hombre que introdujo a Edgard Allan Poe y le hizo conocido en Europa, antes incluso que en la propia Norteamérica:

Hay en la historia de la literatura destinos de hombres que llevan la palabra fatalidad escrita en caracteres misteriosos en los pliegues sinuosos de la frente, tal fue el caso de Poe, el más original, el más sensible y el más infortunado de los poetas.

Un digno epitafio.

Suicidio y poesía

¿Por qué se matan tan a menudo los poetas?

El suicidio, el acto de poner fin a la vida por propia mano, es considerado un grave pecado por casi todas las religiones monoteístas —y algunas politeísmos— y un grave delito por la jurisprudencia de diversos países.

Para algunos el suicidio es un acto de cobardía y para otros, una acción de supremo valor. Para nosotros, los que practicamos la medicina, es un signo de desajuste, arrebato o enfermedad mental, salvo, claro está, que exista una causa que lo haga prácticamente imperativo, pero eso es algo sumamente infrecuente.

Y es también, como dice el escritor argentino Horacio González: «El no deseo de vida y enjuiciarse a sí mismo como no merecedor de seguir gozándola, implica un tipo especial de culpa o aceptación del más alto precio que se paga para enviar el póstumo mensaje de socorro o de resarcimiento».

> «No hay más que un problema filosófico verdaderamente serio: el suicidio»

¿Socorro a quién, resarcir qué cosa? Preguntamos nosotros. O como postulaba el escritor francés y Premio Nobel de Literatura Albert Camus: «No hay más que un problema filosófico verdaderamente serio: el suicidio» (*El mito de Sísifo,* 1942). Una afirmación que apunta directamente al sentido último de la vida.

Lo cierto es que el acto suicida que se consuma nos arrebata, cómo nos dice la psicoanalista Silvia Tubert, al sujeto cuyo discurso es el único que nos daría acceso a su comprensión. En fin, un tema, sin la menor duda, complejo y cambiante, matizado en nuestros días por nuevos enfoques legales, morales e incluso políticos. Pero, dejando de lado el viejo y siempre renovado debate filosófico, moral y ético. ¿Por qué el suicidio es tan común entre los poetas de todas las generaciones? Basta revisar la historia de la literatura para darnos cuenta que la prevalencia de este fenómeno es muy alta entre los cultivadores del susodicho género artístico, y no actualmente, sino desde siempre:

Un ejemplo: La griega Safo de Mitilene (o Safo de Lesbos) (¿ - 580 ANE), una de las nueve grandes cultivadoras del género lírico en la Grecia de la época de oro, se arrojó al mar desde la tenebrosa roca de Léucade por el amor de una mujer (¿O fue de un hombre, el navegante Faón):

«De verdad que morir yo quiero / pues aquella llorando se fue de mí / y al marchar me decía / ¡ay, Safo, que terrible dolor el nuestro! / que sin yo desearlo me voy de ti».

El acto suicida, como decisión final, egoísta o altruista según el caso, de un sujeto cualquiera, ha existido, como decíamos más arriba, desde siempre, lo que ha cambiado a través de la historia es la actitud de la sociedad hacia este acto. Los griegos y los romanos no veían mal el suicidio, siempre y cuando fuera dignamente ejecutado (el empleo de la soga, por ejemplo, que dejaba el cadáver flotando inerte entre el cielo y la tierra, era deplorable). Incluso Platón recomendaba llamar a la muerte cuando la vida se hacía "inmoderada" a causa de un gran sufrimiento. Pero los padres de la Iglesia, San Agustín de Hipona (siglo IV) y luego Santo Tomás de Aquino (siglo XIII) introdujeron a la fuerza al suicida en el mundo del pecado, del pecado mortal —una especie de doble suicidio: cuerpo y alma— basándose en el quinto mandamiento: «No matarás» y modificando así hasta nuestros días la percepción social del acto. Tanta importancia dio la iglesia al acto suicida que los Concilios de Braga (562) y Toledo (693) negaron a los suicidas el entierro en tierra consagrada y a los que lo intentaban, aun sin lograrlo, los condenaban a excomunión, una pena que hoy puede parecernos ridícula, pero que era verdaderamente temible en aquellos tiempos oscuros.

Pero volviendo a los poetas suicidas. Es a finales del siglo XVIII y principios del XIX, la época del despertar del Romanticismo, cuando comienza la verdadera epidemia de suicidios entre poetas.

Conozcamos algunos: El prometedor bardo inglés Thomas Chatterton se mata ingiriendo arsénico —una muerte espantosa— con solo diecisiete años de edad: *«Existir es no estar / pero que alguien te nombre»*,

nos deja escrito. Los jóvenes poetas alemanes Karoline Gunderrode, Charlotte Stieglitz y Heinrich von Kleist también se matan, pero von Kleist, frente al hermoso paisaje del lago Wannsee, mata primero de un disparo a su novia, y luego lo describe con estremecedor morbo:

«*Sonríe mientras el arma apunta / tus últimas ideas en su pólvora / y espérame un minuto antes de irte*».

La Stieglitz, menos egoísta que Kleist, en un arranque de «altruismo» se suicida para permitirle a su esposo crear literatura libremente:

«*Juntos padecimos una pena / Te irá mejor ahora*».

¿Puede el suicido ser sarcástico? Claro que sí.

El artista dadaísta Jacques Vaché invitó a dos amigos a vivir la experiencia del opio, lo que no sabían esos amigos es que Vaché no quería morir solo —así lo dejo escrito en una irónica carta de despedida— y se los llevó con él. Lo sorprendente, o quizás no tanto, es que Vaché se había comportado como un cobarde —le tenía pánico a la muerte— en las trincheras de la Primera Guerra Mundial, de las que había regresado, estigmatizado, pero sano y salvo, una semana antes.

Continuemos. Les siguen el británico Thomas Lovell Beddoes; el francés Gérard de Nerval (su verdadero nombre era Gérard Labrunie), el norteamericano Vachel Lindsay, el portugués Antero de Quental y los españoles Mariano José de Larra y Angel Ganivet.

El soberbio poeta De Nerval (1808–1855), un loco (esquizofrénico) genial, se ahorcó en una reja de la Calle de la Farola Antigua, en París, el callejón más oscuro que pudo encontrar, según Baudelaire. Y lo anunció de esta casi jocosa manera:

«Ahorcarse con el sombrero puesto / es burlar a la muerte de dos formas / lo mismo un día de estos / le hago un requiebro».

Ernest Hemigway (1899–1961), más novelista y cuentista que poeta, pero poeta al fin y al cabo, es un ejemplo de la devastación orgánica producida por el alcóhol y una vejez prematura, aunada a la depresión profunda, que arrastra muy facilmente al que la padece al suicidio. Un suicidio, que en este caso específico, confirma el enfoque médico. Pero no siempre es tan sencillo explicar todos los casos.

Se unen al grupo los colombianos Emilio Cuervo Márquez, poeta parnasiano, Carlos Lozano y el muy conocido José Asunción Silva, que anduvo varios días con una diana pintada con yodo por su médico sobre el pecho, justo en el lugar donde se dispararía el balazo mortal; los ecuatorianos Cesar Dávila Andrade y Pablo Palacios; el austriaco Georg Trakl; el búlgaro Peiu Yavórov; los griegos Periclis Yanópulos (que para ser diferente se suicida de un disparo sobre un caballo al galope), María Polydouri, Alexis Traianós y Kostas Kariotakis; los lusos Florbela Espanca y Mario de Sá Carneiro; el boxeador y poeta suizo Arthur Cravan, que se tiró al mar estando de visita en México y desaparece para siempre; el argentino Mario (Paco) López Merino; el haitiano Edmond Laforest; los surrealistas franceses Jacques Rigaut (que funda antes de matarse la "Agencia General del Suicidio") y René Crevel; el paraguayo Roque Vallejos Garay, psiquiatra, poeta y suicida, todo en uno; el uruguayo Eliseo Rafael Porta; el boliviano Emeterio Villamil de Rada y el jovencísimo bardo alemán Wolf von Kalckreuth (17 años de edad).

El gran poeta austro-húngaro Rainer María Rilke (1875 –1926), que murió de leucemia, no un suicida, intentó explicar el ansia de la muerte en los poetas:

[... ¿que se lleva uno hacia el más allá? / No el mirar aquí / lentamente aprendido, y nada de lo que aquí ocurrió. Nada. / Pero sí los dolores. Sobre todo la pesadumbre, / también la larga experiencia del amor: es decir / todo lo inefable...].

Lindos versos pero que no terminan de ofrecernos una certeza en cuánto a esta marcada predisposición.

Agrandan la lista los poetas venezolanos José Antonio Ramos Sucre, Martha Kornblith y Miyó Vestrini (nacida en Francia), los chilenos Pablo de Rokha, Alfonso Echevarría Yañez y Pepita Turina, y quizás podríamos incluir aquí a la hija de José Donoso, Pilar. Y claro, al poeta modernista norteamericano Hart Crane (1899–1932), autor, entre otros del celebrado libro *The Bridge*, que también desaparece en el mar no sin antes, como hicieron y harán otros, anunciarlo a los cuatro vientos:

«*En la borda, el sabor a salitre / me llama a ser océano / valoro la distancia / y alzo el vuelo*».

El gran escritor y poeta italiano Cesare Pavese (1908–1950), que supuestamente se suicida por la pena de amor de la actriz norteamericana Constance Dowling, lo expresa con finas palabras: "Expresar en forma de arte, con propósito catártico, una tragedia interior... el único modo de salvarse del abismo es mirarlo y medirlo y sondarlo y bajar a él".

Será que los poetas, seres hipersensibles, sienten más el silencio con que responde el mundo cuando se le interroga sobre su sentido último (Camus). **¿Serán más lúcidos los poetas para tomar la tremenda decisión de abandonar un mundo que no tiene explicación, o sea, que es absurdo?** Pero no, no nos equivoquemos, Camus no es un pesimista —mucho menos un suicida—, al contrario, para él el suicida no responde la pregunta fundamental que nos plantea la vida, sino que la evade. El absurdo no es un final, sino un comienzo, y la respuesta no es el suicidio sino la esperanza de asumir la vida de una forma más perfecta y útil.

Quizás sea así, pero los poetas continúan matándose.

Lo hacen el húngaro Attila József, los extraordinarios poetas rusos Marina Tsvetaeva, Sergei Esenin y Vladimir Maiakovski, este último, uno de los que quizás termina con su vida por razones puramente políticas; el franco-euskera Jon Mirande; los franceses Jean Pierre Duprey y Fabrice Graveraux, los argentinos Leopoldo Lugones (también político y muy buen ensayista), Carlos Romagosa, Enrique Mendez Calzada, María Luisa Pavlovsky, Walter Adet, Blas Castellblanch, Alfonsina Storni (muy conocida por su obra poética pero aún más por la bella canción «Alfonsina y el mar» de

Ariel Ramírez y Félix Luna, 1969), Héctor Murena, que se mata con vino, como un Baco autodestructivo, Luis Hernández y Alejandra Pizarnik, una mujer mentalmente inestable pero una gran poeta que decidió morir rodeada de muñecas maquilladas.

Interesante lo que escribe León Trotsky sobre el suicidio, por ahorcamiento, de Esenin: «Esenin no era un revolucionario. El poeta no era ajeno a la revolución, pero no era afín a ella; el autor de *Pugachov* y de la *Balada de los Veintiseis* era un lírico en extremo íntimo. Pero nuestra época no es lírica. Esta es la causa por la que Sergei Esenin, por propia cuenta y tan temprano se ha ido lejos de nosotros y de su tiempo».

Una forma *culta* de definir el suicidio causado por un sistema arbitrario y totalitario.

Pero la lista es larga y sigue. El rumano Paul Celan; el catalán Gabriel Ferrater; los uruguayos Horacio Quiroga (uno de los grandes cuentistas de la lengua española) y Delmira Agustini; los españoles Alfonso Costafreda, José Ignacio Fuentes, que primero mata a su mujer antes de cortarse el cuello, Vistor Ramos, José Agustín Goytisolo, Carlos Obregón, Justo Alejo, un suicida guasón que se suscribe a la Revista *Clarín*, minutos antes de matarse, para recibirla en el otro mundo, Nicolás Arnero, Wenceslao Rodríguez, Severino Tormes,

Enrico Freire, que llenó la habitación de gas y encendió un fósforo, después de escribir un poema titulado *Explosión*, León Artigas, José Acillona, Alina Reyes y Pedro Casariego.

En una interesante y exhaustiva investigación (se revisa, además, una extensa literatura al respecto) de los psiquiatras españoles Minguez, García Alonso y de la Gándara *Suicidio, el último verso de un poeta* (2010), se llega a la conclusión de que la «creatividad exaltada» del genio poético, unida a la depresión reactiva y al elevado consumo de alcohol y otras drogas duras explican el alto número de suicidios entre los poetas. Según este y otros estudios, los artistas en general, novelistas, músicos, pintores, etc. presentan unas cifras de prevalencia de suicidio mayor que la población general, pero son los poetas los que se llevan ampliamente la macabra palma de la autodestrucción.

Y no paran. Los mexicanos Jaime Torres Bodet, Carlos Díaz Dufoo, Enrique Munguía, Jorge Cuesta y Antonieta Rivas Mercado; los noruegos Tor Jonsson y Jens Bjorneboe, que anuncia su suicidio nada más y nada menos que en la televisión; la colombiana María Mercedes Carranza; la alemana Inge Muller; los italianos Antonia Pozzi, Primo Levi (nunca superó el enorme trauma de los campos de concentración alemanes en los que estuvo recluido y a los que malamente sobrevivió), Beppe Salvia y Amelia Rosselli.

El filósofo José Martín Hurtado Galves en su estudio sobre Camus nos dice que «pensar es una forma de vivir atemporalmente y el suicidio es pensamiento atemporal», para señalar con agudeza que "El suicida tiene esperanza en la muerte pues toda huida es forma de aparecer en el pensamiento de los demás".

Es una idea interesante pues plantea la posibilidad del suicidio como forma o desesperado intento de perdurar en una persona que generalmente tiene una autoestima bajísima. El japonés Yukio Mishima, que

[...la «creatividad exaltada» del genio poético, unida a la depresión reactiva y al elevado consumo de alcohol y otras drogas duras explican el alto número de suicidios entre los poetas.

se hace el *harakiri*; los peruanos Armando Bazán Velázquez y José María Arguedas; la puertorriqueña Julia de Burgos, que murió de una pulmonía pero de la que no cabe duda que se mató bebiendo; el dominicano Gastón Deligne; los brasileños Vasco dos Reis Goncalves, Ana Cristina César y Marithelma Nostra y los norteamericanos Sara Teasdale, John Berryman, Sylvia Plath y Anne Sexton, que no podía perdonar a la Plath que se le hubiera adelantado en matarse:

«*Y un poco de este anhidrido carbónico / que bien dosificado te hace dormir tranquila para no despertar de nuevo / al tedio de los días*».

Triste pugilato por alcanzar la muerte el que libraron la Plath y la Sexton, dos grandes poetas en verdad.

Y como no mencionar a la chilena Violeta Parra Sandoval (1917–1967), que nos dejó antes de matarse por amor —entre otras cosas— ese maravilloso poema que es:

«*Gracias a la vida que me ha dado tanto / Me ha dado la risa y me ha dado el llanto / Así yo distingo, risa de quebranto / Los dos materiales que forman mi canto / Y el canto de ustedes que es el mismo canto / Y el canto de todos que es mi propio canto*».

Al sensible Stefan Zweig y a la genial Virginia Wolf, que dejó como despedida a su marido: «*Todo lo he perdido excepto la certeza de tu bondad, no puedo seguir arruinando tu vida durante más tiempo…*».

¿Y los cubanos?

Pues los poetas cubanos no podían ser menos, aunque vale aclarar que en varios artículos que hemos leído para la confección de este breve ensayo, se fuerzan a veces los hechos, tanto en incluir poetas que no lo fueron tanto, como el santiaguero Pablo Lafargue y Laura, su mujer, hija de Carlos Marx, como en atribuir suicidio a muertes en las que no se puede probar el hecho, como el caso, muy discutible en verdad, de José Martí.

Se cita siempre a Juan Cristóbal Nápoles Fajardo, el Cucalambé, un grande de la poesía repentista del siglo XIX. La verdad es que no sabemos de qué murió este hombre, pues *stricto sensu*, desapareció en el aire en 1861. Se ha intentado explicar esa desaparición de muchas formas, incluyendo, claro está, el suicidio, pero lo cierto es que no sabemos la causa, y como nunca se encontró su cuerpo, es muy probable que estemos en presencia de uno de esos misterios insolubles tan atractivos a la especulación.

Carlos Pío Urbach y Juana Borrero, aunque vivieron una historia de amor shakesperiana, no se suicidaron. Pudieron haberlo hecho, pero no lo hicieron. El murió en la manigua y ella murió de fiebre tifoidea en Cayo Hueso, no sin antes despedirse del amado lejano: «*Yo he soñado en mis lúgubres noches / en mis noches tristes de penas y lágrimas / con un beso de amor imposible / sin sed y sin fuego, sin fiebre y sin ansias*».

Esteban Borrero Echeverría (1849-1906), uno de los precursores del Modernismo, sí se quita la vida. René López, el autor de *Barcos que pasan*, se suicida (1909) con cianuro en un restaurante de La Habana, justo después de consumir una opípara comida: «Dígale al dueño que esta comida la va a cobrar en el infierno», le dijo al azorado camarero, y se tomó de un trago el veneno.

El poeta Rolando Escardó muere en 1960 en un accidente automovilístico (no hay pruebas de que fuera un suicidio) y Luis Rogelio Nogueras, Wichy el Rojo, muere a causa de una enfermedad, quizás un poco extraña, pero explicable. La que sí se lanza al vacío desde un edificio es la poco conocida poeta Marta Vignier. Y también se suicidan en la ciudad de matanzas los poetas Hugo Ania Mercier y Luis Marimón Tápanes.

En Miami se mata el joven Eddy Campa y en Nueva York, poniendo punto final a su lucha contra el Sida, Reinaldo Arenas (1943-1990), el más conocido internacionalmente y más estudiado de todos los poetas —y novelista, cuentista, polemista y ensayista extraordinario— contemporáneos cubanos. En Minnesota se mata, al poco de salir de Cuba, Juan Francisco Pulido. En la Habana lo hacen los poetas Raul Hernández Novás, Oscar Collazo, José Manuel Suárez Estrada (se ahorca en el Parque Lenin), Angel Escobar y muy recientemente Juan Carlos Flores. Algunos incluyen en estas listas a la funcionaria (Directora de la Casa de las Américas) Haydee Santamaría Cuadrado, una mujer que favoreció y protegió a algunos poetas —a otros no— pero que no puede considerarse ella misma una poeta.

Calvert Casey (1924-1969), nacido en Baltimore, Estados Unidos, puede considerarse, por propia elección y por su obra literaria, cubano, y se suicida en Roma, Italia, en 1969. Uno de esos poetas, como Esenin y Maiakovsky, que chocaron de frente con el totalitarismo político y perdieron la batalla.

Demos por terminado aquí este recuento, aunque podríamos añadir más nombres a la macabra lista. Volvamos entonces a nuestra pregunta inicial.

¿Por qué se matan tan a menudo los poetas?

Pues en verdad, no lo sabemos.

¡SÍ, ACABO DE MATAR A JOHN LENNON!

You may say I'm a dreamer / But I'm not the only one / I hope some day you'll join us / And the world will be as one.

«Imagine» (John Lennon)

Las balas de punta hueca, conocidas también como *expanding bullets* o proyectiles «dum dum», fueron desarrolladas, partiendo de los viejos balines redondos de mosquete en uso desde doscientos años antes, por el oficial armero colonial británico Neville Bertie-Clay en el Dum Dum Arsenal de Calcuta, India, a fines del siglo XIX.

La idea de este militar era escalofriantemente simple. Al penetrar un cuerpo blando cualquiera, sea el de una gran pieza de caza o el de una persona, el plomo caliente, que no tiene punta, se expande y en lugar de atravesar limpiamente los órganos internos los desgarra y lacera, multiplicando el efecto destructivo sobre los tejidos e incrementando exponencialmente las hemorragias internas, produciendo así heridas atroces, muy difíciles de tratar y por tanto casi siempre mortales.

No suelen utilizarse en las guerras porque el alcance y la velocidad de estos proyectiles, al ser planos en su parte frontal y sufrir la resistencia del aire, son mucho menores, resultando ineficaces a cierta distancia. Y también por la razón añadida que dichas balas están prohibidas por tratados internacionales.

Son cinco balas como estas las que inexplicablemente regalará, para cargar su poco usado revólver 38 especial fabricado por Charter Arms, un arma comprada en una armería de Hawai, justo al lado de una estación de policía, la alguacil de la ciudad de Atlanta Dana Reeves a un joven de conducta bastante inestable e ideas fijas llamado Mark David Chapman. Y la oficial Dana hizo algo más que regalar balas prohibidas, enseñó también a Chapman a manejar correctamente su revólver con el fin de que se *defendiera mejor* en su trabajo de guardia de seguridad.

Y como todo el mundo, ese joven de 25 años, Mark David Chapman, nacido en Forth Worth, Texas, el 10 de mayo de 1955, tiene una historia. Hijo de un sargento de la fuerza aérea de los Estados Unidos, sospechoso de abuso doméstico, y de una enfermera, comenzó a usar drogas y alcohol a los catorce años, se hizo cristiano renacido a los diecisiete, intentó suicidarse con monóxido de carbono, bajo los efectos de una depresión profunda, a los veintitrés (le cuenta a los psiquiatras que lo tratan que tiene visiones de enanitos que lo acosan y que lo atormenta todo el tiempo su incipiente obesidad) y, después de un fracaso amoroso con otra cristiana renacida, se casó con la japonesa-norteamericana Gloria Hiroko Abe —su Yoko Ono particular, que hasta se parecen—, que sigue siendo su esposa hoy y lo visita en la cárcel, sin fallar, cuatro veces por año.

Andando el tiempo el joven Chapman acepta un trabajo de guardia de seguridad y de esa forma se hace con el revólver calibre 38 del que ya hemos hablado. Acto seguido se escapa a Honolulu por cuatro semanas, viviendo a todo trapo, con dinero prestado por su suegro y poco después hace un viaje alrededor del mundo: cinco naciones de Asia, la India, el Líbano y cuatro o cinco países europeos, con dinero sacado de no se sabe dónde. A los veinticuatro años de edad, en septiembre de 1980, le escribe a una de sus muchas amigas, Linda Irish, contándole que se estaba volviendo loco y firma esa carta como *The Catcher in the Rye* (el adolescente Holden Caulfield, personaje principal del libro de igual título del escritor norteamericano J.D. Salinger), y unos días después, aunque trata de quitarse las malas ideas de la cabeza por un par de semanas, comienza a rondar el edificio donde vive el compositor y cantante John Lennon.

Así lo encontramos, en horas de la mañana del 8 de diciembre de 1980, frente al edificio Dakota, en la ciudad de Nueva York. El Dakota, 1 West 72 St. Upper West Side, New York, no era ni remotamente nuevo cuando Chapman se paró, vigilante y obsesionado, frente a su entrada principal. Diseñado en estilo pseudo-renacimiento por el arquitecto de ascendencia alemana Henry J. Hardenbergh, fue terminado en 1884 y casi desde el principio sus 65 apartamentos, de entre 4 y 20 habitaciones, se convirtieron en vivienda favorita de muchos ricos y famosos (y también para filmar películas, que en sus pasillos y recovecos se filmó, entre otras, *El bebé de Rosemary,* de Roman Polanski), entre ellos las estrellas de cine Boris Karloff, Lauren Bacall, José Ferrer, Jason Robards, Judy Garland y Mia Farrow, los músicos, directores de orquesta y cantantes Ian McDonald, Bob Crewe, Roberta Flack y Leonard Bernstein, los escritores Alesteir Crowley, Charles H. Ford y Carson McCullers y el bailarín Rudolf Nureyev, entre muchos otros.

Y por supuesto, el más famoso de todos: el británico John Lennon y su esposa, Yoko Ono, junto al hijo de ambos, Sean, que son propietarios de varios departamentos en pisos diferentes del edificio. Uno que utilizan de vivienda ubicado en el séptimo piso y con siete habitaciones, otro para oficinas un piso más abajo y otro más para guardar trastes, incluyendo muebles usados y sin usar, decenas de instrumentos musicales, bicicletas que no usan y un par de momias egipcias que habían comprado alguna vez y ni se acordaban de ellas.

¿Pero que hacía el joven Mark David Chapman aquella fría mañana del lunes ocho de diciembre de 1980 en la un poco anacrónica (y para mí, que la he caminado con curiosidad, bastante fea) entrada del edificio Dakota?

Pues el joven Chapman, con su pequeño pero potente revólver cargado con las cinco balas de punta hueca en el bolsillo del abrigo, se proponía, por razones que todavía hoy nos son oscuras, matar a su admirado, diríamos mejor adorado, y a la vez odiado, John Lennon. Un Lennon que había contestado unas pocas semanas antes a una pregunta de un entrevistador de la BBC londinense: «Yo no tengo miedo de vivir en New York. A mí nunca me han atacado, nunca me han molestado. Lo único que me pasa es, que de vez en cuando, alguien me detiene en la calle para pedirme un autógrafo. Y eso para mí no es molestia, al contrario, me hace sentir bien».

Matar, sí, como lo oye, a ese Lennon, que un poco perdido por el uso constante de estupefacientes, un poco aburrido en su jaula de oro y bajo la mirada, no inquisitiva, sino inquisidora de la Ono, una especie de tigre asiática de bolsillo, se levanta a las cuatro de la mañana sin despertador a ver amanecer sobre Central Park. Que así lo cuenta Charlie Swan, conocido también como el Oráculo, u O, el hombre que le tiraba todos los días el Tarot a Yoko Ono, sobre todo para orientarla en los negocios. Y útil también para entretener a John, que se hace leer todos los días las cartas y se preocupa un poco porque le sale repetidamente el naipe de «la Muerte». Pero se tranquiliza cuando Swan le explica que esa carta significa también "renacimiento" y que 1981, el próximo, será un año muy importante y definitivo en su extraordinaria vida.

Menos mal, debe haber pensado Lennon con un suspiro de alivio. Pero Lennon sí tenía problemas ¿quién no? incluso si dejamos de lado el susodicho naipe de la muerte.

No olvidemos, mirando en la distancia nos parece algo imposible, que John Lennon, que no era ciudadano norteamericano, tenía serias diferencias con el FBI, y en general con todo el stablishment americano, que eran en realidad sus enemigos declarados, tal y como él lo era, por lo menos de boca para afuera, de ellos. Se desesperaba Lennon con su status de residente, ese fucking status que lo obligaba a dedicar tiempo, y eso lo sacaba de quicio, a los abogados y al papeleo. Y tenía problemas familiares, y los tenía con sus antiguos amigos, y con la propia Yoko Ono, que desde que había parido a Sean se negaba de plano — eso era un chisme, pero muy repetido — a tener sexo con él y hasta se decía en los corillos de enterados, que tenía un amante. Minucias, pero a cada cual le duele lo que le duele. ¡Ah! y de vez en cuando componía, como cuando se sentó al piano (lo hacía por rachas de trabajo maratónico para luego volver a la vida contemplativa y a la obnubilación farmacológica) y sacó de su cabeza esa maravilla que es «Imagine».

Chapman sigue rondando la entrada del Dakota y termina, no era difícil, por hablar con Lennon y obtener un autógrafo de este garrapateado sobre la carátula del disco Double Fantasy, una placa recién lanzada de la que Lennon no se sentía muy feliz que digamos, aunque se convirtió en un éxito de ventas instantáneo.

Pero Lennon hizo más. Miró a la cara a Chapman a través de sus lentes de miope y le preguntó con un gesto benevolente, bastante típico en él cuando estaba de buenas «¿Eso es todo lo que quieres?» Y se quedó esperando la respuesta. Chapman, perplejo, asintió con la cabeza y balbuceó algo ininteligible. Y Paul Goresh, amigo de ocasión de John y fotógrafo aficionado que pasaba por allí dejó constancia gráfica del momento.

Una imagen fotográfica de muy pobre calidad artística tomada con una cámara barata, uno de esos inesperados golpes de suerte que luego resultan de mucho interés histórico.

El asombrado Chapman, cuando John Lennon se aleja calle abajo, le dice a Goresh: «¡Nunca me van a creer esto en Hawai!». Goresh asiente y sigue por su rumbo.

Lennon continúa caminando tranquilamente hacia su automóvil blanco, lo estacionaba en la calle para su comodidad aunque podía hacerlo en los grandes garajes del Dakota, y se va a trabajar un rato a Record Plant, un estudio cerca de Broadway y la 44.

¿Qué está haciendo John en Record Plant? Pues editando y poniendo el fondo de guitarra a un disco de Yoko Ono, que se ha empeñado en ser cantante. Y él no quiere, o no puede negarse, que así son los hombres que necesitan desesperadamente una madre.

La tarde y la primera parte de la noche transcurren tranquilas, aunque Chapman, eso no lo sabe Lennon, no deja de rondar por el lugar. Habla con los habituales del lugar, con los guardias de seguridad, invoca su fanatismo por los Beatles y por Lennon, incordia, cansa, pero lo aprende y lo sabe todo de los horarios y costumbres de los Lennon-Ono.

Alrededor de las diez y media de la noche John vuelve del estudio de grabación con Yoko Ono, tienen hambre pero deciden comer algo en el apartamento para despedir a Sean al irse a la cama. Dejan el auto aparcado en la calle 72, como casi siempre, y se encaminan a la entrada del Dakota. Ono, también, como casi siempre, camina rápido y va delante. Chapman sale de las sombras bajo las arcadas y la saluda pero Yoko, algo muy habitual en ella, que es arisca y arrogante por naturaleza, no le hace caso y lo deja con la palabra en la boca, ni lo mira, como si no existiera.

Un chofer de taxi que hacía parada frente al edificio y el portero, José Sanjenís Perdomo, con el que Chapman había conversado varias veces, estuvieron observando al joven yendo y viniendo —con su mochila al hombro, en la que cargaba su manoseada edición de *The Catcher in the Rye* que según él había leído quince veces y otra nueva, sin abrir, más una Biblia en la que había añadido al «Evangelio según Juan… Lennon»—, por la 72 y los alrededores toda la tarde y luego detenerse en las sombras de los arcos del Dakota.

Entonces Chapman, aparentemente tranquilo, deja ir a Yoko Ono sin insistir y cuando Lennon está casi junto a él, le llama por su nombre —Oye, John, oye. —Éste se para indeciso y mira al joven al que había firmado el disco por la mañana, pero no parece reconocerlo, quizás porque está un poco oscuro, o porque son tantos los que le piden autógrafos. Chapman entonces, en gesto rápido y sin una sola palabra más se pone en posición de combate, rodilla en tierra y dispara en sucesión las cinco balas dum dum, de las que cuatro dan en el blanco y otra, rozando la cabeza de John, pega en el marco de una puerta y allí se aplasta.

Los cuatro proyectiles restantes penetran por el lado izquierdo de Lennon (se ha especulado mucho con que Chapman estaba a su derecha pero eso quizás pudiera explicarse con el giro de John al sentir pronunciar su nombre, o no, vaya usted a saber), tres salen al exterior y uno queda dentro del cuerpo del herido. Cuatro orificios de entrada y tres de salida. Una verdadera carnicería.

John Lennon dice —¡Me han disparado! Da unos pasos hacia la caseta de seguridad, sube a trompicones tres escalones y se cae al suelo. Un guardia de seguridad del edificio viene corriendo, le quita la pistola a Chapman de la mano, la lanza lejos y le grita —¡Mira lo que has hecho, y una palabrota! Chapman contesta con voz algo alterada: «¡Sí, acabo de matar a John Lennon! Otra versión dice "acabo de disparar" en lugar de matar y otra niega incluso que hubiera tal intercambio de palabras. Lo cierto es que Yoko Ono, que ya estaba cerca de los elevadores, regresa corriendo y comienza a gritar pidiendo que llamen a la policía, a una ambulancia, a quien sea, pero que llamen a alguien.

Chapman, con una tranquilidad extraña, indiferente, pone su mochila en el suelo, se pega de cara a la pared y espera a la policía con los brazos en alto. El agente Steven Spiro, que está a dos cuadras en su patrulla llega al lugar, pregunta que ha pasado, le señalan al asesino y detiene a Chapman agarrándolo por el cuello. Le da la vuelta y lo esposa con las manos a la espalda. No se sabe si le menciona los derechos Miranda o no pero a Chapman eso no le importa. Lo que sí le importa es que no se pierda su mochila.

Yoko Ono trata de hablar con Lennon pero este, luego de balbucear algo así como —¡Ahora, tenía que ser ahora! o ¡Ahora no...! Pierde el conocimiento. La Ono recoge los espejuelos de John, ensangrentados, del suelo y se los guarda en un bolsillo del abrigo.

El policía John Moran, que llega corriendo detrás, se da cuenta de que Lennon está perdiendo demasiada sangre y decide no esperar la ambulancia. Lo levanta del suelo intentando ponerlo de pie, pero este se derrumba. Le pregunta si de verdad es John Lennon pero no recibe respuesta. Se da cuenta que está perdiendo tiempo, lo carga literalmente y lo lleva en su patrulla, con la sirena y todas las luces encendidas, al hospital St. Luke's-Roosevelt Hospital Center. Mientras tanto siguen llegando patrullas de policía de la delegación de la calle 82, a unas pocas cuadras.

Uno de ellos insulta a Chapman pero los otros le imponen calma. Mientras algunos comienzan a preservar la escena del crimen otros se llevan al asesino, esposado y fuertemente agarrado por ambos brazos, a la delegación en una patrulla. El sargento Anthony Palma se hace cargo de Yoko Ono y la lleva también al hospital en su auto policial.

Mientras tanto el doctor Stephan Lynn y su equipo se hacen cargo del herido. Intentan pasarle líquidos pero las venas son inencontrables. Están todas colapsadas por la hipovolemia aguda producto de la tremenda hemorragia. Le administran ventilación con máscara y se dan cuenta de que el aire escapa por las heridas de la espalda, prueba inequívoca de que ambos pulmones están dañados. Le hacen una toracotomía sin anestesia, en realidad John está muerto desde hace un rato, y observan, con profesionalismo, el destrozo interno causado por las balas de punta hueca.

Ni tan siquiera pueden administrar masaje cardiaco directo porque el corazón está roto en varios lugares. La aorta torácica está abierta de arriba abajo y ambos pulmones están perforados tanto por detrás como por delante. John ha perdido alrededor del 90% de la sangre circulante y sus órganos vitales, corazón, pulmones y arteria aorta, están destrozados. Lo declaran muerto. Todo ha durado alrededor de veinte minutos en total. El patólogo Elliott M. Gross, que firmará la autopsia, dirá después que ningún ser humano podría haber vivido más de un minuto o dos con semejantes heridas internas.

La foto de John Lennon en la morgue, la única existente, la tomó furtivamente un empleado de la misma y la vendió por diez mil dólares. Las copias del certificado de defunción aparecieron como por arte de magia y se vendían, y se venden aún hoy, por distintos precios, algunos verdaderamente ridículos. Hasta Yoko Ono mantuvo los lentes de John manchados de sangre sin limpiarlos y los utilizó en la carátula de un disco muy posterior.

John Lennon fue cremado y no hubo funeral.

Aquí terminan los hechos, las realidades tangibles y comienza la leyenda. Los ¿por qué? y los ¿cómo? que pueden discutirse hasta el infinito. Y comienzan también las teorías conspirativas que comenzaron a brotar como hongos casi desde el mismo instante en que el narrador deportivo Howard Cosell, durante un partido de football americano entre los Miami Dolphins y los New England Patriots, detuvo la transmisión para dar él primero la noticia, el gran palo periodístico.

Pero esas presunciones, distorsiones de la realidad, actitudes inexplicables y teorías conspirativas no son el motivo de este artículo, así que... ¡oops! Me entero, investigando, de que una persona cuyo nombre se ha mantenido en el anonimato, entregó a la policía el disco que Chapman le dio a firmar a John Lennon. Esta persona se lo entregó a la policía tiempo después (supuestamente lo encontró tirado en un jardín muy cerca del Dakota, y al no ser considerado una prueba importante, se le devolvió al portador. El disco fue vendido años después en medio millón de dólares. Eso no es leyenda. Eso fue un gran negocio.

Pero lo cierto es que John Lennon se fue para no volver.

La extraña muerte de Julián del Casal

¿Qué enfermedad o accidente llevó a Julián del Casal a tan temprana muerte? ¿Fue realmente un ataque de risa y la subsiguiente rotura de un aneurisma, como se ha contado una y otra vez?

Desear fervientemente la muerte, la propia muerte, y anunciarla a todo el mundo, aunque sin fecha fija, no se considera hoy normal —ni de buen gusto— en una persona social y psicológicamente sana.

Pero si viajamos a la última década del siglo XIX, no importa si nuestro punto de llegada sea un salón literario en la Ciudad de México, una pobre y «espiritualmente sensible» buhardilla en París o una casa de familia tradicional en La Habana, y las personas de referencia son poetas reconocidos, poetas de verdad, independientemente de que sean románticos, modernistas o simbolistas, el tema adopta otros matices más complicados.

Tomemos un caso en particular donde se enuncia abiertamente ese pertinaz y macabro deseo de poner punto final a la vida.

Arrebatadme al punto de la tierra,
que estoy enfermo y solo y fatigado
y deseo volar hacia la altura,
porque allí debe estar lo que yo he amado.

En efecto, se trata de una cuarteta de un poema («Blanco y Negro» es su título) del cubano Julián del Casal y de la Lastra (1863-1893), uno de esos poetas, repetimos, poetas de verdad, que veían, o decían ver, a la Señora de la Guadaña como a una amiga cercana y oportuna a la que se aguardaba con esperanza y sin temor mientras se escribía, como en una suerte de compás de espera, buena poesía.

Veamos este otro segmento del poema «La agonía de Petronio», en la que supuestamente Julián del Casal se refiere a los momentos finales del elegante y disoluto senador romano Gaius Petronius Arbiter (27-66 NE), condenado a muerte por el emperador Nerón, pero en la que se siente latir el anhelo del bardo cubano por terminar su poco estimulante vida —sus condiciones económicas eran malas, su vivienda pobre, la negación social a la que se enfrentaba debido a su homosexualidad y a la condición de colonia de la isla le eran asfixiantes— en un final elevado y digno de ser recordado e incluso emulado por las (poquísimas) almas afines que le rodeaban.

Y como se doblega el mustio nardo,
dobló su cuello el moribundo bardo,
libre por siempre de mortales penas
aspirando en su lánguida postura
del agua perfumada la frescura,
y el olor de la sangre de sus venas.

En fin, un hombre, un magnífico poeta muy de su tiempo, añorando, e idealizando, el tránsito de la vida terrena a esa otra, para él sublime, de la que nadie ha regresado.

Y en efecto, la inexorable parca le complació y le premió con una muerte prematura, tan temprana como a los veintinueve años de edad (le faltó un mes para cumplir los treinta), lo que no impidió, y es válida la observación, que pergeñara una obra literaria importantísima y digna de aparecer, codo con codo, junto a la de los precursores y creadores de la importante corriente literaria denominada modernismo: el también cubano (aunque vivió casi toda su vida activa fuera de la isla) José Martí, el colombiano José Asunción Silva, los mexicanos Manuel Gutiérrez Nájera, Salvador Díaz Mirón y Amado Nervo, el peruano José Santos Chocano, la uruguaya Delmira Agustini, el español Salvador Rueda (la lista de poetas españoles relacionados de una forma u otra al modernismo es larga e incluye, entre muchos otros, a los dos hermanos Machado) y, por supuesto, el más grande de todos —como poeta modernista es que lo decimos— el nicaragüense Félix Rubén García Sarmiento, conocido mundialmente como Rubén Darío.

Precisamente, este último, Rubén Darío, con el que se carteaba Julián desde 1887 y al que conoció personalmente, en La Habana, en 1892, tuvo bastante que ver con el reconocimiento póstumo del cubano, sin olvidar a Rueda, quizás el poeta modernista español más relevante, que en Madrid también lo recibió con entusiasmo, aunque fugazmente, en el único viaje al exterior que pudo hacer el cubano en toda su breve vida. Un viaje, por cierto, frustrado, porque su meta era París y no le alcanzó el dinero para llegar allí.

Lo cierto es que muchos de estos bardos morirían jóvenes. José Martí cayó combatiendo —una muerte absurda que bordeaba el suicidio— a las tropas españolas, durante la denominada Guerra de Independencia cubana, a los 42 años de edad; José Asunción Silva se quita la vida a los 31; a Manuel Gutiérrez Nájera lo mata la hemofilia a los 35 y Delmira Agustini es asesinada por su marido a los 27. Si hurgáramos un poco entre los modernistas de segunda línea la lista se incrementaría mucho más.

Pero, volviendo a nuestro personaje... ¿qué enfermedad o accidente llevó a Julián del Casal a tan temprana muerte? ¿Fue realmente un ataque de risa y la subsiguiente rotura de un aneurisma, como se ha contado una y otra vez y como aparece reseñado en todas sus breves y bastante repetitivas biografías y, por supuesto, en Wikipedia?

Pues bien, el autor de este ensayo tiene serias dudas al respecto. Repasemos lo que se ha dicho en cuanto a esto, que no es mucho.

Dos fuentes de información prevalecen. La primera, y muy florida, es el propio Julián, que en varias cartas personales se refiere a sus dolencias como «un mal oscuro, desconocido por los médicos, sin curación» (carta de Julián del Casal a Rubén Darío), y, en otra misiva, «atacado de crueles dolores, no sé si reumáticos o nerviosos… en fin, todos los síntomas de una gran anemia que me amenaza devorar».

Los comentarios de Julián sobre su deteriorada salud fueron muchos y muy variados —habla también de vahídos, parálisis parciales de brazos y piernas, pérdidas de visión y otros variopintos síntomas— y se expresaron tanto a

través de su correspondencia y conversaciones privadas como en su propia obra poética, tal y como ya hemos visto en la cuarteta inicial con que iniciamos este breve ensayo.

La otra fuente, muy poco explícita, fue su médico, el doctor Francisco Zayas. Un galeno habanero del que poco podemos decir, tal y como refiere el escritor cubano Antón Arrufat en un excelente trabajo (al que mucho debo) sobre el vate: «poco sabemos del doctor Zayas como médico, salvo que tenía inclinaciones literarias». Pues bien, este doctor le había diagnosticado a del Casal «tumores en los pulmones» y luego «la rotura de un aneurisma» (sin especificar donde) como causa última del repentino y tumultuoso fallecimiento del poeta.

Lo cierto, y nuestra única referencia realmente objetiva, es que del Casal se encontraba cenando en la casa del doctor Lucas de los Santos Lamadrid, ubicada en el Paseo del Prado de la ciudad de La

Habana (aún se conserva, aunque en estado ruinoso), cuando al reírse a carcajadas —los que le conocieron coinciden que el poeta, lánguido y depresivo, era muy poco dado a estas efusiones— de una ocurrencia de uno de los invitados, sufrió una especie de espasmo y comenzó a vomitar sangre, roja y rutilante, parece ser que en cantidades bastante abundantes. El poeta falleció muy poco después, probablemente por asfixia —oclusión de las vías respiratorias por la sangre acumulada— según creemos.

No hay constancia ni referencia alguna de que se le practicara una autopsia al cadáver de Julián del Casal.

Hasta aquí todo lo que hemos podido averiguar, desde el punto de vista médico, sobre la evidente enfermedad crónica de Julián del Casal, su brusca y aparentemente inesperada muerte cuando «estaba mejorando de sus males» según nos refiere Arrufat en el ya mencionado artículo.

¿Cuál es entonces nuestra opinión profesional sobre la enfermedad y la muerte de este paciente de solo 29 años de edad?

Lo primero es preguntarnos como se podían diagnosticar en vida «tumores pulmonares» en un enfermo al que obviamente —porque aún no estaban al alcance de los facultativos— no se le realizaron estudios radiológicos ni endoscópicos de ningún tipo. Lo lógico es pensar que del Casal padecía en realidad una tuberculosis pulmonar crónica, condición que fue minando su salud de una manera progresiva y que además era muy común en aquella época. La tuberculosis pulmonar, salvo el reposo y una más o menos buena nutrición, no tenía por entonces tratamiento alguno.

La «extraña muerte» por un supuesto aneurisma —tendría que haber sido un aneurisma arterial perforando el tubo digestivo o las vías respiratorias superiores, lo que es sumamente poco probable y menos en una persona de esa edad— nos parece simplemente un error diagnóstico (o se prefirió, por razones sociales y de amistad, no hablar de la verdadera causa), obviando la mucho más común hemoptisis masiva proveniente de una caverna tuberculosa.

Recuerdo a mis viejos profesores, —hablo de cuarenta años atrás— que me contaban de la época heroica, hoy casi olvidada, de los sanatorios antituberculosos (La Esperanza o Topes de Collantes, por ejemplo) y de cómo aquellos pacientes, en su mayoría crónicos, morían en pocos minutos a causa de hemoptisis que hoy nos parecen casi imposibles. Hemoptisis para las que no hubo tratamiento eficaz alguno hasta la aparición de las muy mutilantes cirugías torácicas —resecciones costales y compresiones de la parte afectada del pulmón— que trajo el siglo XX en sus dos primeras décadas y que se continuaban practicando hasta los años cincuenta.

Hoy, con tratamientos antibióticos de gran potencia para la tuberculosis, nos parecen casi imposibles esas muertes bruscas y de un dramatismo extraordinario, pero en aquel tiempo eran la norma.

El resto de los síntomas referidos por del Casal los achacamos al deterioro evolutivo que ocasiona una tuberculosis pulmonar no tratada, quizás a algún componente articular de la misma enfermedad (común, otra vez, en aquella época), a la degradación inmunológica de la condición y a la hipocondría y depresión crónica —¿cómo no estar deprimido con tantos problemas y desencantos?— del enfermo.

Por supuesto que todo lo anterior es un ejercicio académico en el vacío, pero nos parece razonable, e interesante, preguntarnos de vez en cuando por algunas de las «certezas» que repite nuestra historia, tanto la literaria como la política, oficial.

Quizás solo nos quede interrogarnos sobre lo que pudo haber sido y no fue.

¿Qué cumbres poéticas y literarias hubiera alcanzado Julián del Casal de haber vivido una vida normal, o de haberse contado en aquellos tiempos con un tratamiento eficaz para su enfermedad?

Nadie puede contestar esa pregunta.

Nos sorprendemos, eso sí, con lo mucho que alcanzó padeciendo de una salud tan mala y en tan corto tiempo.

¿Murió de pena Oscar Wilde?

Temprano en la mañana del 10 de octubre de 1900 —año cerrado y para algunos el año que dio principio al siglo XX, hasta ahora el siglo más sangriento y loco de todas las relativamente pocas centurias que ha vivido la humanidad—, el profesor de otorrinolaringología Maurice A'Court Tucker, asistido por el galeno Paul Cleiss, intervenía quirúrgicamente en la habitación de un hotel de París (eso no era infrecuente entonces entre gente de cierta posición económica y los hoteles probablemente eran algo más seguros que los tétricos hospitales de la época), el Hotel d'Alsace, al paciente Oscar Fingal O'Flahertie Wills Wilde, nacido 46 años antes en Dublin, Irlanda.

La cirugía practicada al enfermo de marras fue, casi seguramente, una mastoidectomía radical bajo anestesia clorofórmica. Una técnica muy cruenta —se perforaba con un taladro de mano el hueso mastoides hasta llegar al oído medio e interno— ejecutada para drenar un absceso purulento, secuela de una otitis crónica adquirida por el paciente a causa de un traumatismo no del todo aclarado, sufrido mientras se encontraba en prisión unos cuatro años antes.

La evolución postquirúrgica del enfermo fue relativamente buena durante las primeras semanas, pero después el convaleciente presentó dolor en el oído afectado, en los ojos, en la cara y en toda la cabeza que se incrementaba por momentos, fiebre muy alta en picos, temblores, sudoraciones y una serie de trastornos neurológicos propios de una recidiva de la infección ótica, complicada ahora con una meningoencefalitis bacteriana aguda. Ni que decir que en la era preantibiótica no se contaba ni remotamente con un tratamiento adecuado para una complicación de semejante envergadura. Quedaba, si acaso, rezar.

El enfermo expiró, ya inconsciente, el 30 de noviembre del mismo año 1900, menos de dos meses después de la intervención quirúrgica. Al fallecido, mundialmente conocido como Oscar Wilde, le había ido más o menos bien en la vida hasta seis años antes, en que el amor, ese bastardo, lo arrastró a la desgracia.

Repasemos, muy brevemente, la biografía de Wilde.

Su padre, William Wilde, era un famoso y adinerado —ironías del destino— otorrinolaringólogo y su madre, Jane, una reconocida artista y activista política (escribía su poesía virulentamente nacionalista irlandesa bajo el pseudónimo de «Speranza» pero todo el mundo sabía que era ella). En su niñez, gracias a sus niñeras e institutrices aprendió el francés y el alemán con corrección y ya en su adolescencia y juventud estudió concienzudamente a los clásicos griegos y latinos, lo que le dio una amplia y muy sólida cultura y un lenguaje refinado y preciso. Tuvo un romance juvenil con la bellísima Florence Balcombe que terminó abruptamente cuando ella abandonó a Oscar por Bram Stoker, el autor de Drácula.

La decepción amorosa con la Balcombe parece haber sido muy dolorosa para él. De esa experiencia quedó la frase: *«the two sweet years, the sweetest years of all my youth»* que Oscar escribió, refiriéndose a los dos años de noviazgo con la chica, en una carta herida pero muy cortés y contenida, y quizás quedó también una duda profunda y callada sobre su propia masculinidad, pero solo estoy especulando.

Unos pocos años después, ya radicado definitivamente en Londres, conoció a la exquisita e ingenua Constance Lloyd, con quien se casó y tuvo dos hijos, Cyril, el primero, y Vyvyan, justo un año más tarde. Se ha discutido mucho por los biógrafos de Wilde sobre si el segundo embarazo de Constance —parece ser que engordó mucho y aparecieron estrías abdominales, manchas en la cara y edemas en las piernas de ella— hicieron que Oscar, aunque con pena, la rechazara sexualmente. No sabemos lo que había en su cabeza pero si sabemos que la homosexualidad era un delito punible en Inglaterra en la Era Victoriana e incluso bastante tiempo después (El suicidio del acosado y enjuiciado genio de las matemáticas y héroe de guerra Alan Turing después de la Segunda Guerra Mundial lo demuestra), lo que llevaba a muchas de estas personas a matrimonios indeseados, incluso arreglados, pero casi siempre infelices.

Pero esta tormenta estaba ocurriendo solo en el mundo personal de Wilde. Para el mundo externo el matrimonio Wilde carecía de penurias económicas, era bien llevado y feliz y Oscar, con el apoyo de su mujer, crecía cada vez más como afamado escritor y dramaturgo con la publicación de *El retrato de Dorian Grey*, *La importancia de llamarse Ernesto*, *El abanico de Lady Windermere*, *El Príncipe Feliz* y otras historias, Una mujer sin importancia, Un marido ideal y otros éxitos que han perdurado hasta hoy. Diremos de paso que la residencia victoriana en la que vivieron Constance, Oscar y sus hijos es aún hoy un

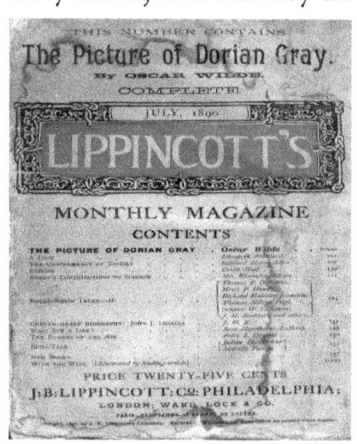

muy visitado sitio de peregrinación turística.

Por tanto, todo marchaba bien, muy bien, hasta... hasta que Oscar conoció a Bosie, conocido en la alta sociedad británica como Lord Alfred Douglas, un joven aristócrata e hijo mimado del Marqués de Queensberry.

Oscar perdió completamente la cabeza por el muchacho (la vida demostraría que no lo era tanto) y comenzó a cometer errores. El más grave fue dejarse manipular por Bosie para acusar al Marqués de calumniador —libelista en realidad— basándose en una tarjeta personal que el hombre le había dejado a Wilde como un insulto (Queensberry aseguraba que Oscar había arrastrado a su «angelical» hijo al mal camino) y en la que había escrito: «*For Oscar Wilde posing Somdomite*», así, con S mayúscula y una m intercalada.

Téngase en cuenta que de demostrarse el delito de «libelismo» el Marqués podía ser condenado incluso a prisión. Pero el señor Marqués podía escribir ciertas cosas ofensivas bajo el efecto de la ira pero no tenía un pelo de tonto cuando de abogados y tribunales se trataba, y el que se había metido de lleno entre abogados y tribunales era el propio Oscar, pirado por el taimado Bosie.

Para quitarse de arriba la acusación de «libelista» el Marqués solo tenía que probar que lo que había escrito en la susodicha tarjeta era verdad (el delito de libelo solo era tal si se trataba de una calumnia demostrada) y si lo probaba, lo que no parecía ser difícil dada la desbocada afición de Oscar por Bosie (y por otros anteriores como el joven Robert Ross), pues entonces el que iba a la cárcel era Oscar, justamente por sodomita.

Y para colmo, Oscar, que en el fondo era un cabezadura, no se defendió conservadoramente intentando demostrar su inocencia sino que apeló a una teoría de su invención a la que denominó la «amoralidad del arte». En otras palabras, su relación con Bosie era una forma de "arte" y el arte no es ni moral ni inmoral, sino amoral. Ni que decir que esto lo hundió aun más, convirtiédolo en motivo de escándalo y burla entre los miembros de la sociedad londinense, una sociedad de la que el mismo había formado parte hasta hacía muy poco.

Fue condenado a dos años de prisión. En ese relativamente breve período (para el pobre Oscar ese lapso de tiempo fue infinito) conoció las cárceles de Newgate, Pentonville, Wandsworth y Reading Gaol, esta última la peor de todas, lo que no quiere decir que las otras fueran buenas. Nada de eso, y piense el lector lo que significaba en aquel tiempo —y en los anteriores y posteriores— caer en prisión por sodomita.

En *Reading* fue ubicado en el pabellón C (tercera letra del alfabeto) en el tercer piso y en la celda # 3 = 333 y, quizás por lástima o por el poco de respeto que su condición social y su fama aún le conferían, le permitieron algunos libros y unas resmas de papel que él gastó casi completamente en escribir larguísimas cartas a Bosie, cartas que este negó posteriormente haber recibido.

Bosie, nadie se va a sorprender, lo abandonó por otros. Su mujer, Constance, también lo dejó, se cambió de nombre y le retiró legalmente la patria potestad sobre sus dos hijos. El, casi inmediatamente de salir de prisión, convertido en la sombra de sí mismo, se embarcó para el continente y nunca más volvió a pisar suelo británico o irlandés. Es el período que sus biógrafos han denominado el exilio francés de Oscar Wilde.

«A veces podemos pasarnos años sin vivir en absoluto, y de pronto toda nuestra vida se concentra en un solo instante».

Trató —todavía era un hombre bastante joven y le quedaba quizás un rescoldo de fe en sí mismo y en los demás— de unirse a un retiro religioso en la «Sociedad de Jesús», una institución de la Iglesia Católica que acogía a pecadores arrepentidos, pero no lo aceptaron. La sodomia era demasiado para ellos. Terminó entonces, que remedio, en los brazos

de su antiguo amante Robert Ross, que tenía una villa en la costa del norte francés. Oscar, sin dudas, podía haber gritado aquello de «llamé al cielo y no me oyó».

Allí escribió *The ballad of Reading Gaol*, que no trata sobre sus penurias en la cárcel, como algunos que no lo han leido creen, sino sobre la ejecución del asesino convicto Charles Thomas Wooldridge, y luego... pues luego se reencontró con Bosie en Rouen. El encuentro duró poco pues la familia de Bosie lo amenazó con retirarle los fondos y Constance, que le enviaba algo en secreto de vez en cuando a Oscar, también le advirtió que no lo haría más si seguía adelante con esa relación.

Ese fue el final.

En uno de sus ensayos Wilde había escrito: «A veces podemos pasarnos años sin vivir en absoluto, y de pronto toda nuestra vida se concentra en un solo instante».

Clínicamente, Oscar Wilde murió de una infecció ótica complicada, pero... ¿no es acaso posible que muriera de pena?

Elmyr de Hory: Farsa o suicidio

Hablando de farsas, ¿por qué no también de falsificaciones y falsificadores, que tanto abundan?

El profesor emérito de historia del arte Thomas Pearsall Hoving, hijo de un antiguo manager de Tiffany & Company y director del Metroplitan Museum of Art de New York entre 1967 y 1977, un hombre que sabía muy bien lo que decía, afirmó en más de una ocasión que alrededor del 40% del mercado internacional de arte está compuesto por falsificaciones. Excelentes falsificaciones, añadió, tan buenas que muchas veces se acompañan de documentos probatorios emitidos por expertos, verdaderos expertos a los que les resulta prácticamente imposible, incluso empleando medios tecnológicos de avanzada, demostrar el fraude pictórico y en menor escala el escultórico. Hoving lo expresó así:

«Demostrar que un cuadro es falso es tan difícil como demostrar que es verdadero».

O como lo definió un periodista de arte con ínfulas de leguleyo: «Todos los cuadros son falsos mientras no se demuestre lo contrario». Cruda definición, pero basta leer la prensa y navegar un poco por internet para darnos cuenta de que es verdadera.

Pablo Picasso, tipo arrogante y difícil, se negaba a veces a autentificar cuadros que él mismo había pintado, pero que ya no le gustaban. El periodista español Manuel Vicent narra esta conversación, probablemente verídica, entre el genial malagueño y un cliente:

—¿Pero Maestro, no recuerda que le he comprado esta pintura a usted en persona en este mismo taller? —exclamó un coleccionista angustiado.

—Es que yo también pinto a veces Picassos falsos —Contestó el pintor.

¡Dios, pobre hombre!

La anécdota de Vicent me trae a la memoria viejas (y no tanto) historias sobre cuadros pintados, o no, por el cubano Wifredo Lam y los vericuetos, sobre todo económicos, recorridos por sucesivos propietarios de las obras del cubano para su legitimación. Siglos atrás muchos falsificadores ni tan siquiera sabían que lo eran. Trabajaban para grandes maestros —que eran los que pasaban a la historia, y cobraban— y como buenos operarios pintaban y pintaban para cumplir pedidos, muchas veces recibiendo a cambio solo aprendizaje, comida y alojamiento, e incluso palos, que se practicaba mucho aquello de «que la letra, en este caso el arte pictórico, con sangre entra». De aquí es que viene el cada vez más común en catálogos y libros de arte el "atribuido a", que tanto incordia a casas de corretaje, museos y coleccionistas de pintura.

Los grandes falsificadores del siglo XIX y XX (los del siglo XXI están por descubrirse) fueron generalmente buenos pintores, a veces muy buenos, que lo tenían todo para triunfar, excepto el inapreciable don de la originalidad. Podían copiar a la perfección casi cualquier cosa que se les pusiera por delante, pero no se les ocurría una nueva forma de pintar, no desarrollaban un estilo inconfundible o generaban una nueva escuela o moda, pero podían reproducir, o incluso a veces mejorar, lo que otros, a veces menos acuciosos y perfeccionistas, habían inventado y desarrollado.

Se dice, y de hecho hay muchas pruebas (quizás demasiadas) de ello, que el holandés Han van Meegeren, especialista en copiar a Vermeer; el alemán Lothar Malskat, un magnífico especialista en reproducir frescos medievales y también en Rembrandt, Corot, Watteau y varios otros; el británico John Myatt, reproductor de Matisse, Braque, Giacometti, Monet, Renoir y algún otro grande; el también inglés, y en este caso escultor, Shaun Greenhalgh, experto en clonar, en el garaje de su casa, estatuillas egipcias y asirias precristianas; el germano Wolfgang Beltracchi, junto a su esposa y su hermana, especializados todos en el impresionismo pictórico alemán; el norteamericano Mark Landis (diagnosticado de esquizofrenia en la juventud), que además de falsificar a autores como Signac, Laurencin, Mary Cassatt y Schiele, entre otros, inventó pintores a los que promovió con éxito y todavía adornan museos y colecciones privadas (ganando valor) y los hermanos barceloneses Sebastiá y Carlés Junyer i Vidal, dedicados por años y años a falsificar admirablemente tablas y retablos medievales han llenado museos y colecciones institucionales y privadas con bellísimas, a veces de soberbia hechura, obras de arte… falsificadas.

Pero no ellos solos, que también la filipino-canadiense María Apelo Cruz (víctima ella misma de un timo de unos 2 millones de dólares), de mano maestra en reproducir a Picasso; el británico Eric Hebborn, especialista en Hockney, Boldini y Corot y el extraordinario támden formado por los italianos Elio Bonfiglioli y Patrizia Soliani, el estadounidense James Kennedy y el español Oswaldo Aulesti Bach, especialistas de primer orden en Dalí, Chagall, Miró y Picasso, entre otros, han pintado, o esculpido, cuadros y esculturas de gran calidad formal y valor —cuando se han vendido o subastado— dignas de los originales plagiados.

Vale decir que a veces, partiendo de las obras originales, estos falsificadores, maestros en su arte, porque reproducir con gran calidad es, creemos, una forma de arte, han hecho aportes estilísticos y formales, variaciones muy creativas y novedosas, que quizás no hubieran desagradado, vaya usted a saber, a los verdaderos maestros.

Y así llegamos a nuestro personaje, el húngaro Elemer Albert Hoffmann (1906-1976), que vivió y murió bajo el seudónimo de Elmyr de Hory, aunque también ocultó su verdadera identidad bajo diversos otros nombres y alias, entre ellos el de barón de Haury, barón de Raynal, conde de Herzog, caballero Boutin, Charles Cassou, Louis Curiel, Mr. Bonhyday, barón de Boughady, señor Dauray y unos diez o quince más. Lo cierto es que Elmyr de Hory, respetemos aquí el apelativo que más le gustaba y por el que es mundialmente conocido, pudo haber sido un gran pintor. Es más, lo fue, solo que no creó una nueva escuela pictórica o un sorprendente estilo propio, sino que falsificó de forma brillante y muy creativa a muchos y diversos creadores de escuelas: Picasso, Monet, Degas, Matisse, Renoir, Derain, Modigliani, Cezanne, Van Dongen y una bastante más larga y esplendorosa lista.

Otro falsificador, el escritor y plagiario norteamericano Clifford Irving, escribió una extensa biografía de Elmyr de Hory que tituló *Fake*. Y, como no podía ser menos, este librito, o libelo si le apetece, con semejante título (en realidad el justo), está lleno de vaguedades, medias verdades, desinformaciones y mentiras flagrantes. Que Dios los cría y ellos, los mentirosos, se juntan, ¿no?

Dicho libro nos narra la historia de un aristócrata húngaro venido a menos, hijo de un embajador y de una dama noble descendiente de una familia de banqueros, dotado de una cultura humanística, y por ahí continúa, todo, de cabo a rabo un invento, pero lo bueno es que la obrita da pistas sobre numerosos cuadros tenidos como legítimos y que, se ha demostrado, fueron pintados por Elmyr de Hory, incluyendo, y eso trajo infartos, demandas y peleas sin cuento, los cincuenta y tantos del Virginia Meadows Museum of Dallas, Texas, que le costaron a los mecenas y contribuyentes... bueno, imagine usted.

En realidad Elmyr de Hory provenía de unos padres judíos de clase media baja que se divorciaron (esto también ha sido puesto en duda por algunos investigadores) cuando él era un muchacho. Pasó mil penurias y con el tiempo recaló en París y allí, después de fracasar como artista del pincel por derecho propio, descubrió su verdadera vocación: la imitación artística, conocida también, un poco malignamente, como falsificación.

Elmyr, que estuvo preso varias veces, incluso de la Gestapo parisiense, que le torturó brutalmente, se defendía diciendo que un violinista que toca una sonata de Bach no la está plagiando, sino interpretando, y que cuando él pintaba a (como) Modigliani o a otro maestro no hacía más que interpretarlo.

Este argumento no deja de tener cierto grano de verdad, aunque se empleara para timar a millonarios incautos. Por supuesto, las claves del asunto están en la firma al pie del cuadro y el cobrarlo como si fuera legítimo. Todos los pintores, en museos y escuelas de arte, copian a sus antecesores para entrenarse y para «deconstruir» la técnica, pero no venden esas reproducciones. Elmyr de Hory, y los demás falsificadores, si lo hacían, y lo hacen, por supuesto.

Un detalle interesante para tener en cuenta y que introduce una nueva dimensión en este asunto es que a pesar de que se conocen más de mil falsificaciones de Elmyr de Hory —recientemente se hizo una retrospectiva de su pintura en el Círculo de Bellas Artes de Madrid titulada Proyecto Fake— no ganó demasiado dinero con ellas pues dependió de marchantes que lo timaban a su vez a él.

No vamos a entrar en este breve artículo en el complicado, millonario y sensible tema del negocio de las artes decorativas en el mundo, pero lo cierto es que sin promotores, marchantes, subastadores, curadores y coleccionistas públicos y privados (y conocidos y desconocidos) las buenas falsificaciones no tendrían el peso que tienen y que eventualmente seguirán teniendo.

Después de la Segunda Guerra Mundial de Hory se refugió en la relativamente permisiva —no tanto para él, que era un homosexual escandaloso y de boca demasiado suelta, lo que atraía las iras de la iglesia y los conservadores— Ibiza de la época franquista, donde se codeó con aristócratas y artistas, pero siempre bajo la amenaza de la extradición y la cárcel. Como todas estas personalidades extrovertidas que viven del delito, de Hory Invariablemente oscilaba entre la muy real posibilidad de ir a prisión y la euforia de la fama y los oropeles.

Lo duda, pues mire esto: El 21 de febrero de 1972 fue, nada más y nada menos que portada de la revista norteamericana *Time* lo nombraron «The Man of the Year».

Temperamento inestable y extremadamente manipulador, de Hory intentó suicidarse con barbitúricos en cinco ocasiones, pero nunca lograba sus objetivos porque era resucitado a tiempo por sus parejas, que fueron muchas, o los amigos cercanos, que también fueron muchos.

En el sexto intento de suicidio es posible que cometiera un error de cálculo, para él sumamente costoso. Había dejado su moderada fortuna en testamento a su pareja homosexual del momento, el joven norteamericano Mark Forgy, y este, un tipo distraído e indolente, no llegó a tiempo —o no se apresuró demasiado en llegar— para salvarlo de la muerte. Elmyr sabía que al día siguiente debía ser deportado a Francia, donde le esperaba, las pruebas sobraban, la prisión.

Nunca sabremos si realmente quería morir o no, pero la realidad es que él sabía que sus reiteradas apelaciones legales a la deportación habían sido rechazadas y muchos a los que había timado se frotaban las manos para recibirle y reclamarle lo que se le pudiera exprimir de sus exiguas propiedades.

Hoy, las falsificaciones probadas de Elmyr de Hory valen unos pocos centenares de miles de dólares, pero nadie duda de que pueden existir muchos cuadros pintados por él bajo otras firmas, ¡y qué firmas! que valen millones.

Pero si un día encuentra usted, estimado lector, un de Hory verdadero, firmado por él con su nombre, pues ¡felicidades! Ha encontrado un tesoro.

¿DE QUE MURIÓ LA NIÑA DE GUATEMALA?

En el mes de agosto del año 2013 se inauguró en una rotonda de la Avenida de Las Américas, importante arteria vial que cruza todo el centro de la Ciudad de Guatemala, capital de la nación del mismo nombre, una estatua del cubano José Martí, una plazoleta jardín también denominada José Martí y una tarja con unos versos grabados en el bronce del poeta y político dedicados a María García Granados y Saborío (1860-1878), la joven que todos conocemos como «La Niña de Guatemala».

El monumento, en su conjunto, es moderno, grande y sobre todo muy atrayente para el paseante por los árboles y plantas que le rodean y la sensación de calma que transmiten. La altura total de la estatua, contando la robusta base —que estaba construida con otro fin desde 1973— y la figura de cuerpo

¿Puede probarse científicamente la muerte por amor?

completo del prócer es de nueve metros y el diseño y trabajo escultórico fue hecho por los artistas cubanos Andrés González y Oscar Luis González, que, curiosamente, lo ejecutaron con una novedosa —para el arte escultórico— técnica de ensamblado de ferrocemento.

Al acto de inauguración asistieron el ministro de relaciones exteriores de la República de Guatemala, el embajador cubano, otros funcionarios, políticos, periodistas y unas doscientas personas más, incluyendo cubanos que viven desde hace mucho tiempo en Guatemala. Pero para mí lo anecdótico es que el alcalde de la capital, que cumple su sexto mandato en ese cargo, el importantísimo empresario y expresidente de la república Alvaro Arzú Irigoyen (quien tiene además un programa de televisión en el que recorre y describe lugares de interés histórico y turístico de la ciudad que rige y que recuerda el conocido *Andar La Habana* de Eusebio Leal), al terminar su breve discurso, se viró hacia uno de los presentes, el embajador de la UNESCO en el país, nacido en Cuba, y le dijo: —¡Ve, señor, Martí se la hizo fea a María y nosotros le hacemos una estatua, como puede apreciar no tenemos nada de rencorosos! La anécdota me la contó personalmente, mientras nos paseábamos por la plazoleta jardín José Martí, el destinatario de las palabras de Arzú, el embajador Carranza.

Como cubanos, acostumbrados, y enseñados, desde siempre a ver en José Martí, como diría él mismo, solo la luz, jamás las manchas, el aserto de Alvaro Arzú nos toma algo desprevenidos. ¿Podía acaso un hombre al que se le llamó en su momento «Santo de América, Apóstol, Maestro, Héroe epónimo, Héroe Nacional» y decenas de adjetivos más, todos sublimes y ditirámbicos, hacerle algo feo a alguien? Y no a un alguien cualquiera o a un contrincante político sino a una persona muy joven, espiritualmente sana y sobre todo que estaba dispuesta a morir de amor por él y eventualmente lo hizo. Pues para Alvaro Arzú y probablemente para muchos guatemaltecos, obviamente la respuesta es sí.

Pero... ¿es que acaso morir de amor, esa romántica, nebulosa y algo contradictoria acción en la que la mujer enamorada muere por el hombre amado que real o supuestamente la desprecia, o viceversa, es algo inédito en la historia de la humanidad. De ninguna manera. Los cementerios de todo el mundo, la crónica roja, los cuerpos de guardia de los hospitales, las consultas psiquiátricas, la historia, y sobre todo la historia del arte y la literatura está llena de casos y ejemplos. Revisemos brevemente unos pocos de esos ejemplos, antiguos y modernos, que permanecen en nuestro reservorio cultural:

- Dido, la primera y mítica reina de la Cártago africana, según nos cuenta Virgilio en la Eneida, se suicida por amor a Eneas, el héroe que trata de llegar a todo trance a la península Itálica —es su inexcusable destino— y por tanto abandona a la mujer enamorada que no puede, ni debe, seguirle. Aunque Eneas ama a Dido, se interpone en ese amor el hado fatídico de los dioses, el deber. Así nos lo narra Virgilio: «pero entre todos la infeliz Fenisa, ya condenada a su fatal destino, no se sacia mirando, y más se enciende cuánto más mira, y su emoción aumenta, al par los dones y el hermoso niño».

- La bella y libre ninfa Eco, según la mitología, despreciaba a todos los hombres, pero como casi siempre ocurre, un día (un mal día) se encontró en el bosque con el pastor Narciso, del que se enamoró perdidamente. El problema es que Eco ya había sido maldecida, precisamente por su belleza, por la más que celosa y vengativa diosa Hera con la pérdida de la voz, peor, con la obligación de repetir la última palabra escuchada de su interlocutor y solo esa. Narciso, un alma simple, se rió de este defecto de la pobre Eco, y ella, destrozada, se suicidó encerrándose en una cueva y dejando de comer y beber hasta morir de hambre y sed. Narciso pagó con creces su burla un poco después pero esa es otra historia.

- Sansón, enamorado apasionadamente de la filistea Dalila, y traicionado vilmente por ella, termina, después de muchas y muy variadas peripecias, matándose él y matando a todos sus enemigos bajo el peso del techo del templo derribado por su fuerza descomunal. Para más detalles lea el *Libro de los Jueces del Antiguo Testamento* y todo lo que se ha escrito después (y pintado y cantado y musicalizado) sobre el mítico hecho. Toda una tragedia desencadenada por... por quien si no, por el amor.

- Léucade se llamaba el mítico acantilado desde el que las enamoradas y enamorados no correspondidos de la isla de Lesbos se lanzaban al mar para morir. Y por supuesto, la más famosa muerta por amor desde esa roca fue Safo de Mitilene (c600 ANE). Ella escribió antes de suicidarse (se supone) esta triste despedida: «De verdad que morir yo quiero pues aquella llorando se fue de mí. Y al marchar me decía, ay Safo, que terrible dolor el nuestro, que sin yo desearlo me voy de ti».

- Cleopatra (c69–30 ANE), reina de Egipto, se suicida (con el áspid en el cesto y todo lo que ya sabemos) ante la pérdida irreparable de su esposo —no era el primero— Marco Antonio y de su reino. ¿Amaba Cleopatra a Marco Antonio tanto como para matarse por él o solo quería la buena señora su poder político, ahora perdido? No lo sé ni creo que llegue a saberlo jamás, pero intuyo que las cosas del poder y la política tienden a ser mucho más fuertes que las del corazón.

- Ginebra, reina de Camelot y esposa adorada del Rey Arturo (alrededor del siglo VI de NE) en realidad ama en silencio al caballero Sir Lancelot. Es un amor imposible y trágico que termina con la destrucción de la Tabla Redonda y la muerte del buen Rey Arturo y de todos los caballeros del Grial. En verdad un desastre, sin embargo los dos principales implicados, Ginebra y Lancelot, mueren de viejos amádose en la distancia y supuestamente sin haber tenido contacto erótico jamás. Creo que este no es un ejemplo adecuado pues los que mueren de (por culpa de) amor son los otros. Una prueba de la fuerza devastadora, injusta y a veces letal del amor apasionado.

- El caso de la joven Francesca de Rimini es mucho más trágico pues su pasión por Paolo, el hermano de su marido, llevó a este último (un caso de violencia doméstica extrema) a matarlos a ambos. La historia, basada en un hecho real (alrededor de 1284 de NE), nos la cuenta Dante en la Divina Comedia pero después de él se han escrito poemas, obras de teatro, óperas, sinfonías e incluso la escultura *El beso*, de Auguste Rodin, se inspira en esta desgracia. Aquí el *morir de amor*, como se ve, fue impuesto por mano ajena.

- La princesa méxica Iztaccihuatl, confundida a propósito por su padre que deseaba casarla con otro militar de más rango, murió de amor por el guerrero Popocatépetl, al que creía muerto. El guerrero entonces, al saber muerta a su amada, murió de amor por la princesa en un acto de magnífica reciprocidad. Ambos, convertidos en sendos volcanes, nos miran hoy —y quizás nos amenacen— desde el horizonte (lamentablemente empañado por el smog) cuando visitamos el Valle de México.

- De amor murieron los amantes de Teruel, Isabel de Segura y Juan Marinez de Marcilla (alrededor del siglo XIII). La historia la han contado y recreado una y otra vez Tirso de Molina, el músico Tomás Bretón y Hernandez, el escritor Mariano Miguel de Val y muchos otros. Si visita alguna vez Teruel, en España, no deje de ir a la antigua Iglesia de San Pedro. Allí está el bellísimo mausoleo de los dos amantes, uno al lado del otro, que casi, solo casi, se toman de las manos. Créame, vale la pena verlo.

- Las muertes por amor de Calisto y Melibea (Calisto en realidad muere por accidente casero) son en verdad trágicas. *La Celestina* es el título de la obra, escrita a finales del siglo XV, que se atribuye habitualmente al bachiller Fernando de Rojas. El subtítulo de la llamada tragicomedia dice en parte: [... compuesta en represión de los locos enamorados que, vencidos de su desordenado apetito...]. Una buena y muy sensata advertencia.

- ¿Qué decir de Romeo y Julieta? William Shakespeare, con su inmortal obra (publicada por primera vez c1597) convierte en literaria y popularmente paradigmáticas las muertes por amor. Hay belleza, que duda cabe, en esos últimos versos que declama Julieta justo antes de matarse: «Alguien viene. Terminaré pronto. ¡Oh dulce puñal! Soy tu morada. Descansa en mí. Dame la muerte».

- El suicidio por amor del joven Werther (Goethe, 1774) marcó toda una época y convirtió al poeta alemán en una precoz estrella literaria. ¿Se mata Werther por el amor no correspondido de su amada, y casada con otro, Lotte o sencillamente por el amor al amor romántico? En realidad da lo mismo. Werther muere de amor. Y punto.

- Karoline von Gunderrode (1780-1806), poeta y escritora romántica ella misma, se atravesó el corazón con un estilete de plata y se dejó caer al río Rin (sin dudas quería morirse). ¿Lo hizo por el amor frustrado con el escritor Georg Creuzer o por la moda, en ese entonces en todo su apogeo, de Werther? Como quiera que sea murió de amor, ¿o no?

- Ana Karenina, el personaje de Leon Tolstói (novela publicada en 1877) se suicida por amor de una manera atroz —se lanza bajo las ruedas de un tren— pero nos queda la duda de si es por el amor que se aleja cada vez más de ella del disoluto Vronsky o por el "amor" a su vida anterior perdida y a la humillación consiguiente. Decida usted porque el maestro Tolstói, sabiamente, nos deja en la incertidumbre.

- Leonor Izquierdo (1894-1912) fue la mujer (en realidad la niña) y musa inspiradora del poeta español Antonio Machado. No murió de frío, sino de tuberculosis, pero perfectamente pudo haber muerto de amor por el bardo, un amor que demostró en todo momento y de una manera absoluta. Machado escribió sobre el apacible lugar de descanso de la amante perdida: «Con los primeros lirios y las primeras rosas de las huertas, en una tarde azul sube al Espino, al alto Espino donde está su tierra».

- Mariano José de Larra (1809-1837), el gran periodista, articulista y político español, se dio un tiro en la cabeza por el amor de Dolores Armijo, su exigente y voluble amante hasta ese trágico momento. Que duda cabe de que la quería lo suficiente como para abandonar una muy prometedora carrera y morir por ella.

- Amedeo Modigliani (1884-1920) fue un genio de la pintura, y fue también un desastre como persona: juerguista, alcohólico, drogadicto, abusador de mujeres, desordenado casi al extremo de bordear la sociopatía, en fin, un chico malo, pero fue, como suele ocurrirles a estos caballeros, extraordinariamente dichoso en el amor. Las mujeres se mataban, metafórica y aun literalmente por él. Una prueba. Jeanne Hébuterne (1898-1920), la madre de su hija, embarazada de ocho meses y medio por segunda vez, se sienta de espaldas en la ventana de la casa de sus padres, un quinto piso, al día siguiente del entierro del pintor y se deja caer al vacío. Se suicida y mata al hijo que lleva dentro para no vivir sin Modigliani. ¿Pasión, inmadurez (tenía 21 años), locura, irresponsabilidad extrema? Quien sabe.

- La actriz británica Lucy Gordon (1980-2009), con una prometedora carrera por delante, se ahorcó, probablemente, por el amor de un hombre que se había suicidado, quizás por otra, unos meses antes. ¿Alguien duda que la vida es, además de trágica, muchas veces incomprensible?

- Los amores de la cantautora chilena Violeta Parra (1917-1967) fueron varios y extraordinariamente apasionados, aunque poco correspondidos. Se dio, deprimida y sola, un balazo en la cabeza a los cuarentainueve años de edad. Nos dejó la canción, quizás, más contradictoria de la historia de la música: «Gracias a la vida que me ha dado tanto, me ha dado la risa y me ha dado el llanto, asi yo distingo dicha de quebranto, los dos materiales que forman mi canto, y el canto de ustedes que es el mismo canto, y el canto de todos que es mi propio canto». Témale, querido lector, al exceso de amor a la vida, o mejor, témale a todos los excesos.

- Un ejemplo más, discutible por cierto, para terminar con esta azarosa lista. ¿Se mató por amor la guerrillera y dirigente revolucionaria cubana Haydée Santamaría (1923-1980)? ¿Vale el amor, no a otro ser, sino a una utopía que se deshace, en este caso la llamada Revolución Cubana, como causa para matarse? Yo creo que sí, por lo menos en este caso específico.

Se podrían (y se a hecho) escribir libros sobre el tema de la muerte por amor, tema que ya se define muy claramente en la lírica culta provenzal del siglo XV, la época dorada del denominado Amor Cortés, forma de querer (y de vivir y de sufrir) que define muy bien Jorge Manrique (1440-1479) con sus coplas: «Es amor fuerza tan fuerte, que fuerza toda razón; una fuerza de tal suerte, que todo seso convierte, en su fuerza y su afición; una porfía forzosa, que no se puede vencer, cuya fuerza porfiosa, hacemos más poderosa, queriédola defender».

De hecho, una antología de la prosa, los poemas y las letras de arias y canciones que nos hablan de morir por amor o morir de amor sería monumental. Pero en lo que esperamos por esos tomos, volvamos a María.

¿De que murió en realidad la Niña de Guatemala?

Pues según José Martí, el implicado más directo y probablemente el más enterado del asunto, ella se murió de amor.

¿Y puede probarse científicamente la muerte por amor?

Si nos atenemos estrictamente a ese fenómeno psicológico(o psicobiológico pues hay desarreglos probados en la producción de ciertos neurotransmisores durante el período álgido del evento) llamado «amor» como una causa etiológica única para la muerte, la verdad es que no puede probarse, por lo menos al nivel actual de los conocimientos médicos. Pero si aceptamos causas intermedias como la depresión reactiva profunda que lleva al deterioro físico extremo, al abandono del tratamiento de ciertas enfermedades previas o al más expedito suicidio, entonces sí.

Como curiosidad médica (nunca hemos visto personalmente un caso en el curso de nuestra ya muy larga práctica clínica) señalamos que los cardiólogos japoneses han descrito recientemente un síndrome al que llaman *Miocardiopatía de Takotsubo o Síndrome del Corazón Roto*, una falla aguda y aberrante de la contractilidad del músculo cardiaco —el miocardio no se rompe en sentido estricto pero se deforma— producida por una sobrecarga o estrés sobreagudo. En estos casos —extraordinariamente infrecuentes— la muerte, por insuficiencia cardiaca aguda, sobreviene muy rápido y siempre está rodeada de signos y síntomas muy dramáticos, lo que no es el caso en esos fallecimientos lánguidos y de desenlace prolongado que causa, supuestamente, el amor contrariado.

Pero regresemos a la Niña de Guatemala. Martí nos da más pistas: *«Se entró de tarde en el río, la sacó muerta el doctor. Dicen que murió de frío; yo sé que murió de amor»*. Si nos atenemos literalmente a estos versos Martí nos está confirmando el suicidio de María García Granados, sea por ahogamiento (así murieron, por ejemplo, la escritora inglesa Virginia Woolf y la poetisa suiza-argentina Alfonsina Storni) o sea por una complicación neumónica muy común en la era preantibiótica en una persona presumiblemente tuberculosa.

Y decimos presumiblemente tuberculosa porque existen versiones, especialmente de familiares de María y de amigos y conocidos de ella y de la familia que se refieren a una enfermedad pulmonar crónica, un padecimiento respiratorio que María debía cuidar. La tuberculosis pulmonar, como todos sabemos, era una enfermedad sumamente frecuente en personas jóvenes en aquellos tiempos.

En un interesante artículo de la licenciada Mayra Beatriz Martínez se menciona incluso, basándose en fuentes indirectas, la posibilidad de que Martí hubiese visitado a María García Granados en su lecho de enferma terminal y muy poco antes del fallecimiento, hecho que desvirtuaría el giro dramático del famoso poema IX de los Versos sencillos. De ser esa suposición cierta, aunque pudiera haber existido el episodio del río —o del lago, tan comunes en Guatemala— como un factor intercurrente, la muerte de la enferma estaría casi seguramente relacionada con una enfermedad pulmonar crónica agudizada.

Intentemos entonces un diagnóstico diferencial. En María García Granados puede achacarse la muerte a:

1- Un suicidio por inmersión (si nos guiamos por los versos del propio Martí).

2- La aceleración de un proceso pulmonar de etiología tuberculosa, incrementado a causa de una inmersión previa en aguas frías (nos consta que las aguas de los lagos guatemaltecos, por lo menos las del Lago Atitlán, son bastante frías).

3- La evolución propia de una condición patológica que no tenía tratamiento específico en ese entonces.

Decantémonos entonces por una causa de muerte.

Pues bien, nos decidimos por la tuberculosis pulmonar, menos «románticamente elevada», sin dudas, que la muerte solo por *amor* pero entendiendo que esta dolencia infecciosa muy bien pudo haber sido acelerada por la depresión grave y el abandono de la lucha por la vida propios de una contrariedad amorosa en una personalidad proclive a estos trastornos, caso que parece haber sido el de esta enferma específica.

La escritora católica cubana Perla Cartaya Cotta, estudiosa de la vida y obra de José Martí, menciona en un artículo dedicado al tema que existe un certificado de defunción expedido a nombre de María García Granados —coincide plenamente en fechas, edad y otros detalles— por el Archivo Histórico Arquidiocesano de Guatemala y en el que se dice simplemente que la occisa ha fallecido «de muerte natural», algo perfectamente entendible teniendo en cuenta la alta posición social de la familia de María (su padre, el general Miguel García Granados había sido presidente de la república y no era el único importante en el entorno familiar) y la obvia ausencia de una necropsia, proceder muy poco empleado en aquel tiempo y nunca utilizado en casos que no tuvieran una connotación legal. Lo cierto es que esa «muerte natural» hace del susodicho documento algo sin valor aclaratorio alguno y que nos deja como al principio, sin un diagnóstico de certeza.

¿Podía haber sobrevivido María a su condición de salud de no haber existido en su vida José Martí o de haber podido mantener con este una relación amorosa estable y normal?

Quizás sí, aunque desconocemos el grado evolutivo de su enfermedad pulmonar previa. La mortalidad por tuberculosis era muy alta en aquellas fechas y el pronóstico era bastante malo en un gran número de casos pero no todos morían.

Pudo haber ocurrido, y dejamos muy claro que solo estamos especulando, que la ausencia de infelicidad —de no haber existido Martí y sus problemas en la vida de la muchacha— o la felicidad derivada de una relación amorosa satisfactoria y plena quizás hubieran evitado la depresión profunda y todo lo negativo que de esta patología se desprende. Pero recalcamos, solo quizás, porque, por poner un único ejemplo, Leonor Izquierdo, la esposa de Antonio Machado, tan joven como María, pero amante y amada profundamente por el poeta, no pudo evitar, y estábamos ya en el siglo XX, que la tuberculosis pulmonar la matara.

Dejemos entonces las especulaciones a un lado y aceptemos, ya que no disponemos de más elementos diagnósticos, que María García Granados, la Niña de Guatemala, no se murió de frío sino que, aunque indirectamente, sí se murió de amor.

Poema La niña de Guatemala

Quiero, a la sombra de un ala,
contar este cuento en flor:
la niña de Guatemala,
la que se murió de amor.

Eran de lirios los ramos;
y las orlas de reseda
y de jazmín; la enterramos
en una caja de seda...

Ella dio al desmemoriado
una almohadilla de olor;
él volvió, volvió casado;
ella se murió de amor.

Iban cargándola en andas
obispos y embajadores;
detrás iba el pueblo en tandas,
todo cargado de flores...

Ella, por volverlo a ver,
salió a verlo al mirador;
él volvió con su mujer,
ella se murió de amor.

Como de bronce candente,
al beso de despedida,
era su frente -¡la frente
que más he amado en mi vida!...

Se entró de tarde en el río,
la sacó muerta el doctor;
dicen que murió de frío,
yo sé que murió de amor.

Allí, en la bóveda helada,
la pusieron en dos bancos:
besé su mano afilada,
besé sus zapatos blancos.

Callado, al oscurecer,
me llamó el enterrador;
nunca más he vuelto a ver
a la que murió de amor.

Rosalind Elsie Franklin y las damas ocultas de la ciencia

Para algunas personas el éxito merecido (o no tanto) parece llegar con suma facilidad y rapidez. Para otras, en cambio, prevalecer, mereciéndolo, es una tarea que puede requerir más de una vida. Este último es el caso de la biofísica, química y cristalógrafa londinense Rosalind Elsie Franklin (1920–1958).

Nació Rosalind en la ciudad de Londres (Notting Hill) el 25 de julio de 1920 en el seno de una familia judío británica de banqueros y servidores públicos. Estaba destinada, como era natural para las familias de clase alta en aquellos tiempos, a tener una educación esmerada pero típicamente *femenina*: hablar poco, sonreír todo el tiempo salvo a los criados, casarse tempranamente con un *buen partido* que incrementara la fortuna y las conexiones familiares, tener muchos hijos y disfrutar con elegancia y discreción de la vida muelle y los saraos burgueses propios de la era postvictoriana.

Pero nada de esto estaba escrito en el genoma de la precoz y extraordinariamente inteligente, aunque muy reservada, hasta quizás un poco arisca, Rosalind.

Fue enviada por sus padres —que la querían mucho pero al estilo británico más rancio, con distancia— a las costosísimas Day School at Norland Place (West London), la St. Paul's Girls's School y la Lindores School for Young Ladies (Sussex) y muy pronto la adolescente descolló en las asignaturas de ciencias y en los deportes, dos materias que no solo se consideraban secundarias para una mujer sino que incluso el solo interés en ellas despertaban extrañeza y murmuraciones entre sus compañeras de estudio y sus familias.

Pero ese fue el principio.

Los verdaderos retos comenzaron para ella en 1938, justo al cumplir los dieciocho años de edad. Se matriculó, enfrentando la áspera oposición de su padre (tuvo que intervenir a su favor un tio más *moderno* que se llevaba muy bien con la chica), en la Universidad de Cambridge, donde en solo tres años rindió con honores los exámenes de Ciencias Físicas y Ciencias Químicas, pero donde también le negaron el doctorado porque… porque no era del sexo masculino. Ese doctorado no lo recibiría, y con las máximas calificaciones, por supuesto, hasta 1945 en la Universidad norteamericana de Ohio.

Pero volvamos un poco atrás. La Segunda Guerra Mundial, que puso a Inglaterra ante la posibilidad real de una catástrofe, también sirvió para que Rosalind, y muchos otros jóvenes, realizaran tareas y alcanzaran posiciones a las que en condiciones normales nunca hubieran accedido.

Durante el enfrentamiento contra el nazismo Rosalind participó con entusiasmo del esfuerzo bélico aliado sumándose a la investigación intensiva (era un asunto de sobrevivencia, de vida o muerte para la nación) del óptimo empleo del carbón, tanto en su aspecto energético como en sus posibles usos industriales y militares. De esos primitivos estudios del equipo de Rosalind, de sus observaciones y conclusiones, surgiría, casi cincuenta años después, el grafeno, un material que amenaza con cambiar el mundo, pero esa es otra historia en la que no podemos detenernos ahora.

Al finalizar la contienda, y cansada de las dificultades que confrontaba con sus compañeros de trabajo, a los que le costaba aceptar que una mujer pudiera brillar en una rama de la ciencia considerada habitualmente como *masculina* —en realidad practicamente toda la ciencia era «masculina» en ese tiempo— Rosalind se fue a Francia para una breve pasantía y se quedó en aquel mundo latino y más amable por los siguientes tres años.

En Paris Rosalind encontró, trabajando con el profesor Jacques Mering, un pionero en esta rama de la ciencia, la especialidad a la que se dedicaría hasta el prematuro fin de su vida, la cristalografía por difracción de rayos X. Rosalind se convirtió, en un espacio de tiempo brevísimo, en una reconocida experta en esta bastante novedosa especialidad de la fisicoquímica. Fue también para ella una época de paz espiritual y quizás, solo quizás, los años en que encontró el amor, aunque prefirió permanecer siempre sola.

Como necesitaban un cristalógrafo competente —no abundaban para nada en aquel tiempo— y teniendo en cuenta las calificaciones que ya ostentaba Rosalind en ese campo, en 1951 la invitaron a trasladarse a colaborar en el proyecto más ambicioso del laboratorio Randall del King's College de Cambridge, su antigua Alma Mater: la investigación de la configuración molecular del ácido desoxirribonucleico, el núcleo de la vida. Y aunque ella se tomó su tiempo y lo pensó un poco —se sentía muy bien en París— el reto era demasiado interesante y prometedor como para negarse a participar. Al fin, ella aceptó.

Y así comenzó una historia que ha sido contada de diversas maneras por sus participantes directos, excepto ella, Rosalind Franklin, que no dejó nada escrito sobre el espinoso asunto y que no ha estado presente para narrar su versión de los acontecimientos.

No vamos a contar aquí toda la historia del descubrimiento de la configuración molecular y estructura del ADN, uno de los hechos clave del siglo XX (centenares de libros y miles de artículos al alcance de todos nosotros lo narran con pelos y señales); nos limitaremos a mencionar solo tres hechos incontrovertibles que tienen que ver directamente con la Doctora Rosalind Franklin y su participación en los mismos.

El primero es la animosidad manifiesta del profesor neozelandes Maurice Wilkins, jefe del laboratorio londinense del

King's College, hacia ella, quizás incrementada, es justo reconocerlo, por el difícil carácter de Rosalind, que cuidaba con celo su independencia y no se prestaba a los juegos y chanzas de sus compañeros. Todo esto lo cuentan, entre muchos otros, James Watson, uno de los descubridores, en su libro *La doble hélice* y lo reconoció hasta el propio Maurice Wilkins andando el tiempo.

El segundo hecho es que la famosa fotografía por difracción de rayos X # 51 de la molécula de ADN tomada por ella, le fue mostrada sin permiso (incluso sin el conocimiento de Rosalind) a Watson por el propio Wilkins, lo que les confirmó que la doble hélice constituía la verdadera estructura espacial del complejísimo entramado molecular del ADN, quedando entonces el equipo de trabajo a un paso (entre otras cosas a un paso también del Premio Nobel y de la gloria) de definir el ensamblaje químico de sus bases.

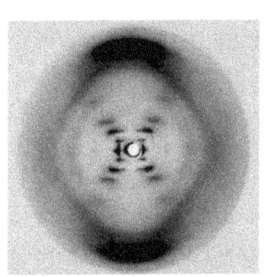

Y el tercer hecho es que el 7 de marzo de 1953, fecha de entrega para publicación del histórico artículo de Watson y Crick en la revista Nature, en el que se describe precisa y elegantemente la estructura completa del ADN, Rosalind Franklin no fue mencionada (hay en realidad una mínima mención bibliográfica acotada en letra pequeña al final del trabajo) aunque la foto # 51 sí fue mostrada y se le atribuyó a Wilkins.

Para el mundo científico internacional, no podía ser de otra manera, el equipo de trabajo que había logrado semejante éxito tenía tres nombres: Watson, Crick y en menor medida el profesor Wilkins. Nadie más.

Rosalind, con suprema elegancia, asimiló el golpe, los felicitó a todos y se dedicó entonces —su tarea en el descubrimiento de la estructura del ADN estaba cumplida, muy bien cumplida— al paciente estudio del virus del mosaico del tabaco, investigaciones que fueron muy importantes en la determinación de la estructura íntima de las pequeñísimas estructuras virales, pero esa también, como la del grafeno, es otra historia.

El 16 de abril de 1958, unos cinco años después de la saga del ADN, Rosalind Franklim murió a causa de una carcinomatosis pulmonar, complicación de un carcinoma de ovario. Tenía treinta y siete años de edad y había trabajado intensivamente por más de quince años con los rayos X, probablemente descuidando las medidas de seguridad, que por otra parte, no eran del todo comprendidas en aquel entonces. Investigó estoicamente en el laboratorio hasta tres semanas antes de su fallecimiento.

En 1962 James Watson, Francis Crick y Maurice Wilkins recibieron el Premio Nobel de Fisiología y Medicina por el trascendental hallazgo de la estructura de la molécula transmisora de la vida, el ADN, sin dudas uno de los grandes hitos de la humanidad.

Nadie mencionó allí, en aquella enorme sala de la Academia Sueca, a la tenaz investigadora Rosalind Franklin. Nadie.

Esta es una historia triste con un final digamos que relativamente feliz, pues hoy se le reconoce abiertamente a Rosalind Franklin su decisiva participación en la batalla por definir la estructura del ADN, pero lo cierto es que aunque nos choca extraordinariamente la historia de ella y su relación de trabajo con los hombres que invariablemente la rodearon, y la humillaron en muchas ocasiones, no es, ni remotamente, la única saga de este tipo en la historia de las ciencias modernas.

Mencionemos algunas otras científicas e investigadoras que sufrieron, en algún momento de sus carreras, humillaciones y marginaciones parecidas, y en algunos casos, mucho peores:

La matemática alemana Emmy Noether (1882-1935). Ideó muy joven el teorema fundamental que lleva su nombre y fue una adelantada de la denominada álgebra abstracta. No pudo ser profesora (sus alum-

de ella) y a Martin Ryle (miembro del equipo), pero no a Jocelyn. Fue un escándalo cuando se supo que no la tomaron en cuenta para el Premio Nobel porque... porque estaba embarazada en ese momento.

nos y colaboradores en la Universidad de Gotinga sí lo eran), no pudo percibir nunca salario (no se contemplaba pagarle a las mujeres) y al final tuvo que huir de Alemania por judía. Albert Einstein escribió su obituario en el periódico *The New York Times*.

La cosmóloga irlandesa Jocelyn Bell Burnell (1943). Descubrió las estrellas pulsares en 1967, cuando todavía era estudiante de posgrado en la Universidad de Cambridge. El Premio Nobel de Física se lo otorgaron en 1974 a Anthony Hewish (el jefe

La bacterióloga norteamericana Esther Zimmer Lederberg (1922-2006). Sus investigaciones en genética bacteriana fueron y siguen siendo fundamentales. Ideó técnicas (como la denominada «replica plating» que sigue en uso hoy día). En 1958 le dieron el Premio Nobel de Fisiología y Medicina... a su marido Joshua Lederberg, colaborador de ella, pero no a ella.

La física nuclear austriaca Lise Meitner (1878-1968). Descubrió, entre otras cosas, la fisión del núcleo atómico. El físico

alemán Otto Hahn, su profesor, la ayudó a escapar de los nazis (Lise era judía) pero aprovechó al mismo tiempo para atribuirse en solitario la teoría sobre la fisión nuclear, razón por la que lo recompensaron con el Premio Nobel de Física a él solo.La historia de Lise Meitner es aún mucho más compleja, en realidad toda una novela de aventuras, y está marcada todo el tiempo por el sexismo y el más feroz racismo. Un elemento de la tabla periódica lleva su nombre.

La genetista norteamericana Nettie María Stevens (1861-1912). Descubrió y definió, en 1901, muy claramente las bases cromosómicas de la herencia sexual. O sea, las funciones reales de los cromosomas X e Y en la transmisión de los caracteres sexuales primarios y secundarios. Durante decenios se le atribuyó en inumerables libros de texto ese mérito al investigador Edmund Wilson, a pesar de que el propio Wilson menciona los trabajos previos de Nettie Stevens en sus publicaciones. Como en los demás casos mencionados, esa falta se ha corregido hoy, pero ni que decir que muy muy tarde para ella.

El caso de Nettie Stevens suele utilizarse siempre como uno de los ejemplos clásicos de machismo absoluto en las ciencias pues siempre se supo que ella tenía la primacía científica del descubrimiento, una primacía incluso reconocida por Wilson, al que se le atribuía el descubrimiento festinadamente.

La astrónoma y astrofísica británico-norteamericana Cecilia Payne-Gaposchkin (1900–1979). Fue la descubridora de la composición química del Sol y de las estrellas en general (básicamente constituidas por hidrógeno y helio casi en su totalidad y algunos pocos átomos de otros elementos). Su profesor en Harvard, Henry Norris Russell le impidió publicar completa su tesis sobre la constitución atómica del Sol, escrita a los 25 años de edad, y más adelante se atribuyó los hallazgos de ella. Con el tiempo la verdad salió a flote y en 1956 Cecilia pudo acceder a la cátedra de astrofísica de la Universidad de Harvard que se le había negado hasta ese momento.

La física chino-estadounidense Chien-Shiung Wu (1912–1997). Participó como especialista en radiactividad en el Proyecto Manhattan, que permitió la cosntrucción de la primera bomba atómica. Fue profesora de física teórica en las universidades de Princeton y Columbia. Los físicos teóricos Tsung-Dao Lee y Chen Ning Yang solicitaron su ayuda para refutar la denominada Ley de conservación de la paridad,

refutación fundamental para explicar las fuerzas internas (débil y fuerte) de las partículas subatómicas. Chien-Shiung no solo los ayudó sino que refutó matemática y experimentalmente la teoría ella sola. Pero Tsung-Dao y Chen Ning recibieron el Premio Nobel de Física y ella no.

Pudiéramos continuar por decenas de cuartillas narrando estas historias, a veces tristes, a veces exasperantes, pero el patrón de conducta social sería más o menos el mismo. Creemos que con estos pocos ejemplos basta para demostrar que la Ciencia, la gran Ciencia, no ha estado en realidad nunca completamente libre de lacras sociales como el sexismo, el machismo más desaforado y el racismo.

Las historias que hemos contado tienen, generalmente, finales satisfactorios —aunque sus autoras no siempre hayan visto y vivido esos finales— pero no podemos dejar de pensar cuántas veces no ha ocurrido lo mismo, cuántas mentes brillantes se han perdido en el trayecto y cuántos homenajes, quizás no del todo merecidos, hemos hecho o cuántos muy merecidos hemos dejado de hacer.

Por eso, no está de más recordar, una vez más, estas historias.

El doctor Guillotin
y
su afilado instrumento

Matar —ejecutar o ajusticiar son los sinónimos, o eufemismos, más utilizados para suavizar el golpe del inapelable hecho— al sujeto condenado por un delito grave es una forma, una de las muchas posibles, de aplicar la ley, la ley de los hombres, que la (mala) conciencia propia y el castigo divino son otra cosa.

Por supuesto, casi todos estamos de acuerdo en que los comitentes de delitos muy serios, aquellos probadamente relacionados con la traición a la patria o al estado, el espionaje, el asesinato, el secuestro, la conspiración, el terrorismo de masas, la rebelión armada, la deserción militar en tiempos de guerra y cosas de ese talante, deben sufrir sanciones severas, incluyendo en algunos casos la muerte.

Hoy en día, desde hace relativamente poco tiempo, esta condena, la de muerte, se discute, con razones de mucho peso, cada vez más y cada vez tiene más detractores (también tiene apasionados defensores, vale), pero quede claro que no siempre fue así. Todas esas discusiones que nos parecen eternas no tienen, a lo sumo, mucho más de dos siglos. Pero lo cierto es que esta dura sanción fue, y es, un hecho legal actual en muchísimos lugares, incluso en países tenidos por muy civilizados, y entonces surgen, inevitable e inmediatamente una serie de cuestionamientos y preguntas que vienen a complicar aún más el asunto.

Si ya está decidido por los tribunales y vamos, más allá de toda apelación a ejecutar al condenado: ¿Cómo hacerlo, como ajusticiarlo, como matarlo? ¿Convirtiendo el evento en espectáculo o dejándolo entibiar con el tiempo? ¿Con dolor, crueldad y saña o compasivamente? ¿Rápida y expeditiva o lentamente para que el contundente ejemplo se grabe más en el alma y las entendederas de los eventuales observadores? ¿Poniendo en práctica y a rajatabla la justicia, y solo la justicia, o ejerciendo, hipócrita o abiertamente el odio acumulado y la sed de venganza? ¿Con o sin derramamiento de sangre? ¿Pública o privadamente? ¿Con muchos observadores o con los estrictamente necesarios?; y muchas otras interrogantes que tienen que ver con las costumbres étnicas, nacionales, religiosas, legales y de época o incluso, y así ha sido siempre, con las necesidades políticas que las circunstancias impongan.

Nada nuevo hay en estas disquisiciones, que debieran ser primero humanas y luego legales, aunque la ecuación se invierta casi siempre. Pero el hecho es que cuando el componente legal, en el sentido de aplicar ese concepto tan llevado y traído denominado justicia, apareció escrito, ya el hombre llevaba milenios matando, y muchas veces, además, destazando y comiéndose a sus enemigos.

En algún momento histórico, hace bastante tiempo de eso, irrumpió la «legalidad» y con ella la desde entonces denominada pena de muerte, una pena ideada ya no solo para borrar del mapa al delincuente —o al rival en la política, la conquista, el amor o la guerra— sino para dar ejemplo. Sí, ejemplo, ese "loable intento" de evitar que los hechos castigados con la muerte en este culpable específico, el ajusticiado, se repitan en 'los otros' culpables posibles que eventualmente pudieran repetir los hechos, pero que aún no lo han hecho. Como en la medicina moderna: pura prevención.

Una prevención o «loable intento» condenado desde el

principio —como demuestran la historia, las estadísticas, la psicología y el sentido común— al fracaso. Recordamos, como muestra de nuestro aserto, un ejemplo histórico: La conocida y muy antigua Ley del Talión, que establece el concepto de justicia retributiva, o justicia de reciprocidad, y que aparece ya escrita en el Código babilónico de Hammurabi (siglo XVIII ANE), luego forma parte de la Ley Mosaica (Éxodo 21: 23-25 y otros), más tarde de la «blutrache» o venganza de sangre de las tribus germánicas y aún más recientemente de las cadenas vengativas sicilianas, no parece haber tenido mucho éxito en disminuir los delitos en estas sociedades y grupos humanos. Dura ley, o leyes, que los rebeldes, los transgresores, los pillos audaces y los delincuentes de toda laya se pasaron, por siglos y siglos, por donde usted, querido lector, se imagina. Pero dejemos la jurisprudencia a un lado y hablemos de la susodicha ejecución.

Las formas de liquidar al condenado a muerte han sido, y son todavía en algunos lugares y culturas, muy diversas: la cicuta (y algunos otros venenos); la crucifixión, cabeza arriba o cabeza abajo; el destripamiento a cuchillo o por tracción; el lapidamiento a pedradas; el mazzatello (favorito de los obispos medievales); el empalamiento, como el que aplicaba en forma masiva Vlad el Empalador; el casi inverosímil quartering inglés; la estrangulación a mano; la hoguera; el asaeteamiento; la rueda; el hara-kiri obligatorio; el ahogamiento, sobre todo en las mujeres; el terrible escafis-

mo; el aplastamiento con tabla y pesos o mediante animales (elefantes); el enterramiento en la arena con solo la cabeza fuera; los mil cortes (atrozmente cruel y favorito de los chinos); la flagelación; el arrastramiento por las calles; la cocción en olla de hierro; el emparedamiento; el lanzamiento desde alturas (puesto de moda otra vez por los yihadistas); el desollamiento a cuchillo y la horca, para mencionar unos cuántos de los más clásicos.

Y adelantando en el tiempo algunos que nos son mucho más cercanos, y moral y éticamente aceptables, como el garrote vil, el fusilamiento (de pie o sentado), la silla eléctrica, el disparo en la nuca, la cámara de gases y varios otros terminando con la controvertida y supuestamente compasiva inyección letal. Atroz y escalofriante lista de formas y maneras de acabar con la vida del prójimo. Pero ahora, y para bajar un poco el tono, queremos referirnos a una antiquísima y bastante más rápida, eficaz y (quizás) compasiva técnica de ejecución que no hemos mencionado todavía: la decapitación.

• Decapitar es, en el humano y en muchos animales, separar brusca y completamente la cabeza del cuerpo. Cuando se hace esto en los humanos (dejemos a un lado por ahora a los animales) la muerte se produce por tres causas fundamentales: La hemorragia de las grandes arterias y venas del cuello es incoercible (blood squirt, blood jet, etc.) y muy intensa, más intensa mientras más fuerte lata el corazón.

• El cerebro, justo por la hemorragia, se queda sin sangre y por tanto sin oxígeno.

• El resto del cuerpo, incluyendo todos los órganos vitales, pierde el control automático del cerebro y de la médula espinal seccionada llevando rápidamente a que la vida vegetativa se detenga.

Bien, pero ¿cómo hacerlo?

Para cortar la cabeza de una persona cualquiera, y poner en práctica el hecho con eficacia, rapidez y una cierta «humanidad», se requiere un instrumento muy afilado, cuánto más mejor, duro, para que no se rompa, y de cierto peso, para que ayude con su inercia cinética la fuerza muscular del ejecutante. Se han empleado, a través del tiempo, espadas, como la gladius romana y la dao china, mandobles, cimitarras, las enormes doppelhander medievales, alfanjes, katanas largas y cortas, grandes cuchillos, machetes, sables, hachas, bardiches, franciscas, hachas danesas (vikingas), las pesadas y terribles bulkeman germanas e incluso las grandes macanas con piezas de obsidiana incrustadas que empleaban los aztecas.

También se utilizaron instrumentos de caída libre algo más complicados, como la cuchilla recta empleada en Bohemia desde el siglo XIII, la muy parecida Fallbeil alemana (en uso, con mejoras, hasta no hace mucho), la Maiden de Edimburgo (escocesa), la Mannaia, un aporte de los Estados Pontificios —Sí, querido lector, allí, cuesta creerlo hoy, también se cortaban con cierta asiduidad cabezas— y el gibbet de Halifax —era un hacha redondeado que caía desde lo alto de un soporte de madera de unos tres metros de alto y en muchas ocasiones destrozaba, aplastándolo, el cuello del condenado en lugar de cortarlo limpiamente— quizás el instrumento más cercano en forma y mecanismo al que veremos con más detalles después, la guillotina.

Y claro, para cercenar con habilidad un cuello también se necesitaba un verdugo. Estos personajes solían, por lo menos desde la baja Edad Media, actuar enmascarados y su identidad se mantenía (más o menos) oculta. Pero los ha habido muy conocidos y famosos, como lo fueron casi todos los hombres adultos de la familia francesa Sanson, una especie de tribu hermanada por la sangre (en los dos sentidos) dedicada por siglos al honrado oficio que nos ocupa.

En la decapitación lo fundamental, y lo que hacía la fama y la fortuna del verdugo, era la efectividad en el corte, la rapidez y la limpieza del trabajo. Más de un golpe con el instrumento cortante o un corte fuera de lugar, el grito y los aspavientos de dolor del condenado, el reguero de sangre o el temblor de las manos y la inseguridad en el manejo de la mortal herramienta al momento de la decapitación decían muy poco de la calidad del ejecutor.

Los hubo tan malos que el pueblo los mató a pedradas —por ofrecer un pésimo espectáculo, no por otra cosa— y los hubo tan buenos, como el verdugo de Ana Bolena, por ejemplo, que se les solicitaba de país en país para ejecutar a los nobles y poderosos caídos en desgracia. Algo así como los grandes cirujanos de hoy en día son solicitados para salvar la vida, precisamente, de los ricos y los poderosos.

El caso de María I de Escocia (María Estuardo) es antológico. Condenada a muerte por un tribunal de nobles fieles a su prima, Isabel I de Inglaterra, María Estuardo, de 45 años, fue llevada al cadalso el 8 de febrero de 1587 en el castillo de Fotheringhay. Una vez de pie en la tarima y mirando con orgullo y valor a los espectadores —se comportó como la mujer obstinada y dura que era— fue despojada de la parte de arriba de su vestido, algo innecesario y ultrajante, no olvidemos que era una reina, por un verdugo militar, fanático de Isabel, escogido a última hora. Y no solo ocurrió esa indecorosa atrocidad. El susodicho verdugo, además de interrumpir los rezos de la condenada y la lectura de su breviario, la obligó, con maneras descorteses y rudas, a poner la cabeza en el tajo, descargando entonces un golpe con la espada (o el hacha, porque hay dos versiones) de ejecución que solo logró fracturar algunas vértebras del cuello de la reina. Pero el indecente espectáculo no acabó ahí.

Contaron los presentes, y fueron muchos, y casi todos de alcurnia, que el gemido, más bien un ronquido sordo, largo y profundo de María Estuardo, intentando, mordiéndose los labios, no gritar para conservar su presencia de ánimo y decoro, fue tan desgarrador que incluso los más acérrimos enemigos de ella, que no eran pocos, comenzaron a exigir que aquella espeluznante ceremonia terminara de una vez. Algo terrible e inolvidable. Dos golpes más del instrumento de castigo necesitó el hombre, el incapaz patán debiéramos decir, para separar la cabeza del cuerpo, pero ¡horror! fue necesario cortar con un cuchillo una tira de piel del lado izquierdo del cuello que todavía persistía en unir ambas partes.

Las salpicaduras de la sangre de la mujer se extendían por todo el tablado, las ropas de los más cercanos y el rostro y las manos del verdugo. Un desastre en toda regla.

María Estuardo, reina de Escocia, no fue decapitada, fue destazada como una res de matadero por un verdugo incapaz, no solo de matar con rapidez y limpieza sino de limitar al mínimo posible el dolor del ajusticiado. Un perfecto carnicero este individuo, en la peor y ruin acepción de la palabra, que los buenos carniceros merecen respeto. ¿Quién sabe cuánto dolor habrá sufrido aquella mujer?

Y entrando, que ya es tiempo, en el tema de limitar al mínimo el dolor del ajusticiado, es donde hace acto de presencia en esta ya bastante morbosa historia el médico y cirujano francés Joseph-Ignace Guillotin (1738-1814).

Guillotin, que al comienzo de la Revolución Francesa en 1789 ya tenía tras de sí una larga y muy honrosa carrera médica y profesoral, se unió, uno de los primeros, a los Estados Generales y muy pronto, entre mayo y junio de 1789, fue elegido a la recién constituida Asamblea Nacional. Sus intereses legislativos, eso quería él, se dirigían fundamentalmente a las muy necesarias reformas de los estudios de medicina y la creación de hospitales y asilos para la enorme masa de los menos pudientes. Y muy pronto se vio envuelto en una controversia que, sin quererlo él, convertiría su apellido en un epónimo reconocido hoy mundialmente, y no precisamente por mejorar la salud pública.

Hombre compasivo y bastante adelantado a su tiempo, el doctor Guillotin se oponía personalmente a la pena de muerte, pero sabía que en aquellos momentos esa utopía no iba a ninguna parte. El 10 de octubre de 1789 comenzó en la Asamblea Nacional el debate sobre la pena de muerte y Guillotin, que había estado estudiando el asunto, planteó la posibilidad de emplear una modificación que su amigo, el también médico, fisiólogo y profesor del hospital de la Salpetriére, Antoine Louis (1723-1792) había hecho (en dibujos) al gibbet de Halifax. La idea de Guillotin era encontrar un método sencillo y compasivo que fuera adelantando, al quitar espectacularidad a las ejecuciones, la eliminación de dicha pena. Dicho de otro modo, humanizar la pena de muerte para que la gente se aburriera de ella y aceptara su eliminación definitiva.

Una idea bonita y solo eso.

La primera reacción de los diputados fue burlarse de la propuesta de Guillotin. De hecho, una frase que este empleó durante una de las discusiones: «Ahora, con mi máquina, yo puedo cortar su cuello en lo que mi ojo pestañea, y usted no lo sentirá, o sentirá solo un refrescante frío en la nuca». Se convirtió en un tópico y en motivo de bromas populares durante meses.

Pero un tiempo después, algo inesperado, o quizás no tanto, vino a resucitar la propuesta de Guillotin. Al paso de los meses y a medida que la revolución se iba radicalizando, las ejecuciones de personeros del antiguo régimen, nobles muchos de ellos, iban en aumento y eventualmente se incrementarían mucho más. Entonces a alguien se le ocurrió que al igual que las leyes, la muerte también debería ser pareja, o sea, igual para todo el mundo. Y que mejor para lograr eso que un instrumento de ejecución eficaz, rápido y muy «igualitario» (se les igualaba a los ejecutados "por arriba", por el cuello), lo que llevó a que todos los ojos se volvieran hacia la máquina que había propuesto el bueno de Guillotin.

Y dicho y hecho, se pidieron los planos y se ordenó la construcción inmediata de aquel extraño y feo aparato al que primero llamaron «Louisette», por su verdadero diseñador, pero este término, que recordaba a Luis XVI, cayó rápidamente en desuso y todos, primero en broma y luego muy en serio, comenzaron a llamarlo "Guillotina".

El profesor Antoine Louis diseñó el instrumento, eso está demostrado históricamente, pero el constructor efectivo del ingenio fue el luthier alemán, especialista en clavicordios, Tobías Schmidt. Por supuesto, ambos buscaron la asesoría del verdugo Charles-Henri Sanson y experimentaron, antes de utilizarlo en los condenados, con ovejas y cadáveres de vagabundos y fallecidos no reclamados en los hospitales. La verdad histórica es, también, que el hombre que atribuyó todo el mérito del susodicho aparato a Guillotin fue el revolucionario y terrorista Jean-Paul Marat —sería asesinado poco después por la girondina Charlotte Corday, ejecutada a su vez en la guillotina— en su libelo *L'Ami du peuple (El Amigo del Pueblo)*. Lo hizo para ensalzar la máquina —nuestra amiga y liberadora, escribió— y solicitar su uso intensivo, no solo en París, sino en las provincias, pero de paso, al adoptar el nombre de guillotina para el aparato, proyectó al doctor Guillotin a la fama que él no había buscado.

Pero volvamos a los (sangrientos) hechos.

El 25 de abril de 1792, a las tres y media de la tarde, dos años y seis meses después de la humanitaria propuesta del doctor Guillotin, se llevó a cabo en París la primera ejecución con este nuevo instrumento. El elegido para estrenar la novedosa máquina fue el asaltador de caminos Nicolás Jacques Pelletier, que llevaba tres meses en capilla ardiente esperando por la terminación del aparato.

El lugar escogido para instalar la máquina fue la explanada de la Plaza de Gréve, frente al Hotel de Ville. La multitud, acostumbrada a la conmoción, la agonía, los chillidos de los torturados y el horrible espectáculo de los ajusticiados muertos en la horca, a hachazos o destripados, protestó airadamente por la velocidad y tranquilidad con que se desarrolló el evento. La guillotina le había quitado colores y emoción a la hasta entonces muy entretenida puesta en escena.

Pero se acostumbrarían a lo nuevo, claro que sí, que no en balde la ceremonia, de ahora en adelante más militarizada y rimbombante, con repicar de tambores y despliegue de guardias nacionales, se repetiría innumerables veces, tantas, que se calcula que durante «El Terror», la reacción contrarrevolucionaria posterior y el Imperio fueron descabezadas en la guillotina, tanto en París como en provincias, alrededor de 16,594 personas. Algunos historiadores han elevado esta cifra hasta cerca de 40,000 pero no han aportado pruebas concluyentes. Quizás no un récord, pero sí un buen averaje.

¿Y qué fue del doctor Guillotin?

Pues murió de viejo. Falleció

en 1814 a los 75 años.

Aunque el doctor Guillotin tuvo sus problemas con Robespierre ¿quién no? e incluso fue acusado de contrarrevolucionario y estuvo en la prisión del Temple por un breve tiempo, no fue ejecutado en la guillotina como dice la leyenda. Estuvo muy cerca de ser ajusticiado pero la muerte de Robespierre, Saint Just y la plana mayor jacobina, y la subsiguiente amnistía que esto trajo le salvaron la vida.

Al morir Guillotin, su familia solicitó oficialmente al gobierno de la restauración que se le cambiara el nombre al instrumento de ejecución para quitar ese estigma que cargaban sus allegados y descendientes, pero ya era demasiado tarde. Como dice la letra del bolero: «que la costumbre es más fuerte que el amor».

Pocos saben que el gobierno que empleó la guillotina con más fervor fue el nazi. Los ejecutados con este instrumento durante el gobierno de Adolfo Hitler, en el territorio alemán, superaron los 20,000. Los millones de fusilados y gaseados en los países ocupados y en los campos de concentración opacaron completamente el uso de la guillotina como instrumento represivo.

Ahora, que la guillotina ha pasado a la historia —todavía en 1996 el representante del estado de Georgia al congreso, Doug Teper, propuso ponerla en vigor en los Estados Unidos para humanizar las ejecuciones y obtener así órganos para trasplantes, pero no prosperó su propuesta—, no es ocioso recordar a algunas personas cuyos cuellos pasaron por su filosa cuchilla: Luis XVI de Francia (21 de enero de 1793), María Antonieta de Francia (16 de octubre de 1793), Madame du Barry (8 de diciembre de 1793), la ya mencionada Charlotte Corday, Madame Roland, el sabio y descubridor del oxígeno Antoine Lavoisier y su esposa Elisabeth, Georges Danton, Camille Desmoulins, Maximilien Robespierre, Louis Antoine de Saint-Just, el poeta André Chénier, el fiscal Antoine Quentin Fouquier-Tinville, el asesino en serie Henri Landru, Fritz Haarmann, el Vampiro de Hanover, Peter Kurten, el Vampiro de Dusseldorf, Marinus van der Lubbe, el supuesto incendiario del Reichstag, los hermanos disidentes del nazismo Sophie y Hans Scholl y Johan Alfred Ander (1910) el último sueco condenado a muerte.

Que descansen en paz... los que puedan, claro.

Cuatro grandes y una enfermedad

Vamos ahora a meditar un poco sobre la vida y sus a veces extrañas manifestaciones e interrelaciones. Personas que nunca en su vida se han visto y ni tan siquiera han conversado postal o telefónicamente entre sí, es más, que quizás desconozcan la existencia de unos y otros, pueden estar estrechamente unidos por la historia, incluso de sus actividades y ámbitos de influencia.

Veamos, para explicarnos, el caso de cuatro grandes de la medicina, el deporte, la cinematografía y la física teórica unidos para siempre, no por sus especialidades, la política o las artes, sino por la enfermedad. Por una enfermedad en específico.

En el año 1825 nace en Francia, en la ciudad de París, Jean Martin Charcot (1825-1893), uno de los grandes médicos clínicos de todos los tiempos, uno de esos adelantados que dio forma a la docencia hospitalaria tal como la conocemos y practicamos hoy.

Citar la lista de sus numerosísimos alumnos, formados bajo la estricta disciplina y dedicación que le caracterizaba, resulta impresionante. Entre muchos otros: Josef Babinsky, Sigmund Freud, Gilles de la Tourette y Pierre Marie, todos grandes investigadores y profesores que dieron forma y relevancia a la neurología y la psiquiatría modernas, marcando a veces, como en el caso de Freud, toda una época.

Pero el hilo conductor que queremos seguir ahora comienza con las observaciones de Charcot sobre dos enfermedades neurológicas que se confundían y se diagnosticaban incorrectamente o no se diagnosticaban: La esclerosis múltiple (EM) y la esclerosis lateral amiotrófica (ELA). Dos condiciones que se parecen en sus apelativos pero que difieren grandemente en el pronóstico y el (todavía frustrante) tratamiento.

La ELA, y esto lo sabemos desde hace solo unas pocas décadas, es una enfermedad de un grupo de neuronas cerebrales que se encargan de controlar los movimientos de los músculos motores de todo el cuerpo. Se ha probado un cierto grado de componente genético en algunos casos, pero no en todos, permaneciendo su (o sus) causa en la oscuridad. Se estima que cinco de cada 100,000 personas la padecen, aunque, quizás porque existen mejores medios diagnósticos o el personal médico está mejor entrenado, su frecuencia parece aumentar.

Pues bien, lo cierto es que Charcot, no olvidemos la época en que esto ocurre, separa y establece de forma brillante los pródromos, signos, síntomas, formas de presentación y pronóstico de cada una de ellas, facilitando así el diagnóstico certero y abriendo el camino a la investigación, que aún hoy sigue adelante, acerca de las posibles causas de ambas condiciones patológicas.

Fue tan preciso en sus observaciones y descripciones clínicas que la esclerosis lateral amiotrófica lleva hoy su nombre: «Enfermedad de Charcot», un epónimo reconocido internacionalmente.

El gran neurólogo muere en 1893 de un infarto del miocardio —padecía de anginas de pecho, cada vez más severas, desde hacía más de dos décadas— a los 67 años, en plenitud de facultades científicas e investigativas y dejando un significativo vacío, muy difícil de llenar, en el hospital parisiense de la Pitié-Salpetriére, su centro de irradiación mundial por más de cuarenta años. Desaparece así, físicamente, el primer eslabón de nuestra cadena, pero…

Justo diez años después de la muerte de Charcot, en 1903, nace en New York un niño, hijo de inmigrantes alemanes muy pobres, al que sus padres ponen por nombre Ludwig Heinrich Gehrig (americanizado a Henry Louis Gehrig; 1903-1941)) que no sabía nada de medicina, no era lo suyo, pero que casi desde la cuna muestra un don natural para los deportes y especialmente para ese juego tan norteamericano que es el *baseball*.

La niñez de Gehrig fue una cadena de tribulaciones económicas y desgracias, al extremo de que sus cuatro hermanos fallecieron de sarampión, varicela y otras enfermedades infecciosas antes de cumplir los doce años. Pero él, con pocos estudios y mucho trabajo para llevar el pan a su hogar, se las ingenió para practicar la pelota.

Recién cumplidos los veintiún años de edad, Lou, que así le llaman sus familiares y amigos, y poco después también lo llamarán así, con cariño, millones de fanáticos, comienza a jugar para el equipo de los Yankees de New York —había jugado un año y medio antes para el equipo amateur de la Universidad de Columbia, donde fue reclutado por un scout de los Yankees que observaba una práctica de bateo—, haciendo pronto un dueto inmortal con otro gigante del baseball, el bambino Babe Ruth.

Lou formó parte de lo que se considera hoy por muchos entendidos el equipo de baseball más poderoso y completo de todos los tiempos: los Yankees de 1927, poseedores de un récord de juegos ganados en una serie que nunca ha sido superado: 110 juegos de 154.

Para el año 1938, uno antes de su retiro definitivo, Lou Gehrig tenía en su haber 23 Grand slams (ese récord no lo igualaría el también Yankee Alex Rodríguez hasta 1994), ostentaba, entre muchos otros, el récord de más carreras impulsadas en un año en la Liga Americana y el de más partidos seguidos jugados: 2130, cifra que solo sería superada 57 años después por Cal Ripken. Esta proeza, no enfermarse ni lesionarse nunca, le valió el sobrenombre de "Iron Horse".

Imagine usted lo que significa para un hombre con esa acerada disciplina deportiva y ese orgullo de jugador, estando aún en plena forma, enfermarse de una enfermedad neurológica incapacitante. Fue, y es Gehrig uno de esos íconos muy poco comunes que son conocidos por las nuevas generaciones como si todavía pisaran con sus spikes el terreno. Ellos ya no están físicamente, pero sus nombres siguen brillando en el imaginario popular y en las a veces increíbles, y tan difíciles de batir, estadísticas.

El 2 de mayo de 1939, durante un juego contra los Tigres de Detroit, Gehrig, al que se le notaba cansado y triste desde hacía algunas semanas, le dijo a su manager, con lágrimas en los ojos, que por el bien del equipo lo dejara en el banco. Fue una bomba para el público y resultó desgarrador para sus compañeros, que lo adoraban, constatar lo irremediable. Lo atendió, a instancias de su esposa y sus manager, el doctor Charles W. Mayo (uno de los famosos hermanos Mayo, por cierto, fan de Gehrig y de los Yankees) y le diagnosticó una esclerosis lateral amiotrófica de avance acelerado. El breve y sentido discurso de despedida (julio 4 de 1939) de Lou Gehrig en el multitudinario acto celebrado en el Yankee Stadium ha sido comparado con el famoso discurso de Gettysburg de Lincoln. Dijo:

«Fans, for the past two weeks, you've been reading about a bad break. Today I consider myself the luckiest man on the face of the earth. I have been in ballparks for seventeen years and have never received anything but kindness and encouragement from your fans».

El dos de junio de 1941, a los 37 años, la Enfermedad de Charcot (ELA) se llevaba físicamente a Lou Gehrig, y en los Estados Unidos comenzarían a nombrar a esta gravísima condición «Enfermedad de Lou Gehrig». Dos epónimos para una misma condición patológica que los une en la historia de la medicina.

En el año 1910 nacía en Londres, donde no se practica el baseball, James David Graham Niven (1910-1983), el perfecto, siempre acicalado y elegante caballero inglés del cine, la literatura y la vida real. Una de esas estrellas cinematográficas para las que la afectación y la sobreactuación no parecen haber existido. Un caballero en la casa, en la calle y en la pantalla.

Las cintas *Cumbres Borrascosas; Los Cañones de Navarone; Casino Royale; Muerte en el Nilo* y dos obras maestras: *Mesas separadas*, por la que recibió el Oscar al mejor actor en 1958 y la superproducción *La vuelta al Mundo en 80 días*, son algunos de sus largometrajes más recordados.

Británico antes que todo, Niven regresó voluntariamente (había estado en una academia militar durante su adolescencia) al ejército inglés cuando estalló la Segunda Guerra Mundial. Se desempeñó con honores en la inteligencia militar —fue un activo participante en la denominada *Operación Fortitude*, ideada para engañar al mando alemán en cuánto al verdadero lugar de desembarco de los aliados en el continente— y alcanzó, por méritos de combate, el grado de teniente coronel del ejército de su Majestad.

Desmejorando a ojos vista después de 1980 —algunos llegaron a pensar que estaba bebiendo demasiado— supo mantener un nivel de actuación digno, pero evidentemente declinante. ¿Qué le estaba pasando al viejo y amable Niven? ¿Se estaba pasando de tragos? No había tal, sus médicos le habían diagnosticado, y él lo estaba ocultando, una esclerosis lateral amiotrófica y Niven estaba luchando contra ella para continuar su carrera cinematográfica.

Pero la enfermedad ganó la partida. En 1983 muere, víctima del ELA, logrando terminar, casi sin fuerzas, su última película: *La maldición de la Pantera Rosa*. Se había comportado como un valiente en la guerra y volvía a comportarse como un valiente ante lo inevitable.

El 8 de enero de 1942, mientras David Niven está combatiendo contra el nazismo, nace —y llegamos así a nuestro cuarto eslabón—, también en Inglaterra, Stephen William Hawking, llamado a ser uno de los matemáticos, físicos teóricos y cosmólogos más importantes de los últimos cincuenta años.

Su libro *Una breve historia del Tiempo* continúa siendo un *bestseller* 21 años después de publicado por primera vez y sus hipótesis sobre los agujeros negros, la radiación que los mismos emiten (denominada "Radiación de Hawking"), las investigaciones sobre el origen del Universo —*tap-down cosmology*—, la conjetura de la protección de la cronología y muchas otras han revolucionado la física teórica. Y también sus polémicas opiniones, algunas veces, hay que decirlo, algo contradictorias, sobre la existencia o no de un dios, han hecho olas en la filosofía actual.

Pero lo que más famoso lo ha hecho entre el público en general es su larga batalla contra el ELA, que se le presentó, inusualmente, a los 21 años.

Batalla que sigue sosteniendo, con ayuda de la tecnología más avanzada, y contra todo pronóstico, hasta el día de hoy.

Una película maldita

En junio de 1954, con una temperatura al sol de más de 40 grados centígrados, un nutrido grupo de estrellas de Hollywood, extras, camarógrafos, maquillistas, sonidistas, cocineros, conductores y ayudantes de set arribó para filmar una superproducción cinematográfica a una zona perdida y de no muy fácil acceso del desierto de Utah conocida como Snow Canyon, un nombre bastante paradójico, por cierto.

Aparte del calor agobiador, el polvo, que se levantaba en nubes al soplar el viento, los animales ponzoñosos, el sol de justicia, el ominoso silencio que reinaba en el lugar, la comida monótona y casi siempre estropeada, las dificultades con el agua potable y el tenaz aburrimiento, sobre todo para gentes acostumbradas a la crispada y noctámbula vida de Los Angeles, lo más llamativo del lugar eran sus ásperas y extrañas arenas, una arena fina que brillaba con un resplandor rojizo por las noches y que todos veían como «una característica singular, incluso bella, y muy propia del lugar», sin preguntarse el porqué del fantasmal resplandor.

Pero no habían desembarcado allí como exploradores o turistas sino para trabajar, y cuánto antes cumplieran con la tarea por la que les pagaban, a algunos muy bien, a otros no tanto, pues mucho mejor.

Pero… ¿Qué película filmarían en un sitio tan distante y espantoso?

Pues, *The Conqueror*, la biografía histórica, es un decir, del famoso guerrero mongol Gengis Kahn, una cinta producida por la empresa RKO con dinero, mucho dinero, del magnate Howard Hughes y con una constelación de artistas impresionante: John Wayne, Susan Hayward, Lee van Cleef, Pedro Armendariz, Agnes Moorehead, William Conrad, John Hoyt, Jeanne Gerson y alrededor de un centenar más. Toda una apuesta en grande.

Lo que no sabían los patrocinadores, el director, el productor ni los artistas, ni nadie en aquella abigarrada y problemática muchedumbre, ansiosa desde el primer día por poner fin a tan torturante aventura, era que a unos 150 kilómetros de aquel silencioso y poco común desierto, cruzando la frontera del estado de Nevada, en un páramo sin vida conocido como Yucca Flat, se encontraba el campo de pruebas NTS (Nevada Test Site), donde el ejército norteamericano hizo estallar unas cien, quizás un poco más, bombas atómicas y de hidrógeno entre 1951 y 1992. Para la época de la filmación que comentamos, 1954, se habían hecho estallar allí unas treinta bombas, de las primitivas, las más sucias y contaminantes.

Tampoco sabían, ¿cómo iban a saberlo? que el viento, por razones meteorológicas muy específicas, relacionadas con las corrientes de aire y la disposición geográfica de los cañones de montañas, soplaba casi todo el año desde Yucca Flat hacia Snow Canyon, transportando y depositando en este último lugar residuos de yodo, uranio, estroncio, cobalto y plutonio radiactivos que, al mezclarse en el suelo, hacían brillar las arenas con un espectral y siniestro resplandor rojizo.

Y así, con alguna que otra aventurilla amorosa, no muchas, más de una diarrea, algunas caídas y accidentes con los caballos, y el disfrute nocturno de la belleza del sitio, se siguió adelante con la filmación

Y como todo lo que comienza termina y aquella inolvidable y problemática —las anécdotas de peleas e intrigas son incontables— filmación llegó a su fin, todos regresaron a sus casas, el largometraje se editó, la productora llevó a cabo una gran promoción en la prensa, la película se distribuyó y…

Y *The Conqueror* fue una catástrofe, un verdadero y descomunal desastre de taquilla, un patinazo económico casi como para cortarse las venas.

Malamente la cinta recuperó la inversión original —demoró muchísimo para lograrlo y hay quien dice que ni eso— y Howard Hughes, un tipo egocéntrico e incapaz de soportar una derrota o reconocer una equivocación, pagó de su bolsillo para recogerla de los circuitos cinematográficos y para que no se hablara más del asunto.

Las críticas de la prensa, despiadadas como siempre, tildó la película, entre otras muchas y muy feas cosas, de ridícula, tonta, exagerada, fantasiosa y ajena por completo a la historia real, algo común en Hollywood, y que casi siempre se pasa por alto, pero que esta vez no le perdonaron a la superproducción de la RKO, vaya usted a saber por qué. Fue la última película producida por Howard Hughes y fue también la última película en la que se involucró la ya declinante por entonces RKO.

Pero lo verdaderamente malo empieza ahora.

A los ocho meses de terminada la producción murió, de un tumor cerebral poco común, Víctor Young, el musicalizador. Dick Powell, el director, falleció a causa de un linfoma no Hodking de rápida evolución. Pedro Armendáriz, el formidable actor mexicano, se suicidó cuando le diagnosticaron un cáncer, ya inoperable, de riñón. La versátil Agnes Moorehead se consumió hasta la muerte por un agresivo carcinoma pulmonar. Susan Hayward la siguió a la tumba a causa de una neoplasia cerebral de galopante evolución, y el señor Mario Michael Morrison, conocido en el mundo entero como el duro y aguerrido John Wayne, se rindió ante un cáncer de páncreas y estómago prácticamente intratable.

Otros 85, de los 220 actores, cooperantes y técnicos, fallecieron en menos de treinta años, todos afectados por tumores y cánceres de diversas localizaciones, muy por encima del promedio estadístico norteamericano.

Marlon Brando, la primera selección de la RKO para el papel de Temujin (Gengis

Kahn), se negó a filmarla — era un tipo muy intuitivo para esas cosas— alegando que el guion no le complacía. Y murió de viejo.

Howard Hughes, el excéntrico multimillonario, no padeció nunca de cáncer. Murió loco. Cuando lo encontraron muerto —se dice que de hambre y sed— en su enorme y solitaria mansión californiana, tenía montada una cinta en el proyector, siempre encendido, de su cinematógrafo privado.

¿Cuál?

Acertó, querido lector:

¡The Conqueror!

¿DE QUÉ MURIÓ EL PRESIDENTE GARFIELD?

La respuesta formal a la pregunta explícita en el título, es muy sencilla.

James Abram Garfield (1831-1881), abogado, matemático autodidacta, congresista por nueve términos, mayor general del ejército de la Unión durante la Guerra Civil, héroe de la batalla de Shiloh y vigésimo presidente electo de los Estados Unidos, murió asesinado por dos disparos de revólver, a los 49 años, a manos del también abogado, panfletista e individuo «bastante desquiciado» nombrado Charles Julius Guiteau (1841-1882). Dicho así, pudiéramos dar por terminada nuestra labor en este mismo punto, pero la realidad de los hechos no fue tan simple como el párrafo anterior nos da a entender. Veamos por qué.

Para 1881, el particularmente caluroso verano de Washington, D.C. tenía muy pocos paliativos, por eso, el presidente Garfield decidió pasar unos cuántos días acompañado de su familia y de algunos colaboradores en la costa de New Jersey. La Casa Blanca de entonces no contaba con las comodidades con que cuenta hoy, y desplazarse hacia las benignas brisas costeras del Atlántico era una forma, para los que disponían de recursos económicos, de poner distancia al sofocante calor y las insoportables moscas y mosquitos de las riveras bajas del río Potomac, plaga veraniega de zancudos que no sería controlada hasta la terminación del embalse rivereño (Tidal Basin) en 1890.

En la soleada mañana del sábado 2 de julio «el viaje se había anunciado, como siempre se hacía, en los periódicos del día anterior» se encontraba la comitiva de Garfield, incluyendo sus dos hijos varones, esperando el tren en el salón de espera de la vieja estación (la bella y funcional estación que muchos de nosotros conocemos hoy se inauguró en 1907) de ferrocarriles de la capital, situada en la sexta avenida. No le acompañaba su esposa, Lucretia, que enferma de paludismo, le esperaba desde hacía algunos días en el chalé familiar ubicado en la localidad costera de Elberon, uno de los pequeños balnearios que habían florecido en las llamadas Jersey Shores. El presidente, que no podía dejar de lado sus deberes políticos, no viajaría directamente a su destino sino que haría una parada previa en el distante Williams College, su antigua Alma Mater, donde pronunciaría un discurso a las nuevas promociones de estudiantes.

Garfield, un hombre elocuente y enérgico, conversaba animadamente con el secretario de guerra Robert Todd Lincoln (el hijo mayor del presidente Abraham Lincoln, asesinado 16 años antes en el teatro Ford de la propia capital), el secretario de estado James G. Blaine y algunos otros acompañantes cuando de pronto, abriéndose paso a codazos entre los pasajeros y mirones que llenaban la estación, se hizo presente un hombre relativamente joven (40 años de edad), de buen porte, bastante bien vestido y con los zapatos acabados de lustrar allí mismo, que sacando un revólver de un bolsillo de la levita, disparó dos tiros, desde muy cerca, casi a quemarropa y por la espalda, al presidente.

Los presentes reconocieron al individuo solo con verlo. Visitaba la Casa Blanca casi todos los días para pedir, a veces en no muy buena forma, nada más y nada menos que lo nombraran embajador en Francia. Lo increíble, por lo menos para nosotros, es que el secretario de estado, Blaine, lo había expulsado de su oficina unos días antes y Guiteau lo había amenazado de muerte, y no solo a él, sino también al Presidente. Y nadie hizo absolutamente nada. Cosas de la época.

Herido en la parte posterior del brazo derecho, muy cerca del hombro (sin tocar hueso), y en la zona media de la espalda, Garfield exclamó con asombro: «*!My God, what is this!*» antes de ser sostenido por sus acompañantes. Lo cierto es que Garfield no llegó a derrumbarse ni a caer al suelo, aunque se le acostó momentáneamente en él piso de la estación mientras se decidía que hacer y a donde llevarle. En ningún momento el Presidente perdió el conocimiento ni la presencia de ánimo propia de un militar.

El pistolero, con su arma en la mano «un revólver 442 Webley British Bulldog con cachas de marfil, comprado por $15 (otros historiadores dicen que $10), un precio considerable para la época, en la armería O'Meara, de la propia capital», fue detenido por un policía que se encontraba presente y prácticamente no ofreció resistencia al arresto.

Procede comentar aquí que el Servicio Secreto, fundado por el Departamento del Tesoro en 1865 para perseguir la falsificación de moneda y otros delitos relacionados, no comenzó a cuidar la seguridad de los primeros mandatarios norteamericanos hasta después del asesinato del presidente William McKinley en 1901. El hecho es que el presidente herido fue someramente revisado por el doctor Smith Townsend, invitado por el Presidente a pasar las vacaciones junto a él, y entonces trasladado de inmediato por los que le acompañaban, en sus coches particulares, a la Casa Blanca y rápidamente, en volandas, a sus habitaciones y acostado en la cama matrimonial.

El doctor Smith Townsend, amigo personal de Garfield desde la juventud, que había reconocido las lesiones del Presidente en el mismo lugar del ataque, como ya mencionamos, llamó a consulta, a instancias del hijo de Lincoln, al doctor Bliss —no hay error, se llamaba así— Willard Bliss, un reconocido cirujano washingtoniano y supuesto experto en heridas de bala que había atendido al Presidente Lincoln, sin éxito, dieciséis años antes. Posteriormente —la presidencia no contaba en ese entonces con servicios médicos propios—, fueron presentándose varios galenos más, algunos solicitados y otros no, aunque todos fueron aceptados. Al final llegaron a ser doce o trece los médicos que trataron al Presidente, entre ellos, además de los dos ya mencionados, el muy cotizado entonces cirujano consultor del Hospital Bellevue de Nueva York, Frank Hamilton.

Se cuenta que Garfield, desde el lecho y volviendo la cabeza hacia el doctor Charles Purvis, otro de sus amigos galenos presentes en la habitación, le preguntó:

—¿Qué oportunidades tengo, Purvis?

—Y éste le contestó con el rostro muy serio—. —Un uno en un ciento, Señor Presidente.

Anonadante, y en este caso lamentablemente acertada, respuesta para darle ánimos a un herido grave.

Y aquí, en esas primeras horas de la tarde, es que comienza el vía crucis de casi 80 días (79 días y dos tercios en realidad) del presidente Garfield. Dos terribles meses y medio de sufrimientos sin cuento en los que perdió alrededor de 100 libras de peso (de 210-215 libras antes del atentado pesaba unas 125 al morir) y las ganas de vivir, para inevitablemente morir, convertido en un guiñapo humano, rezumante de pus y adolorido al extremo de las lágrimas y la extenuación, el 19 de septiembre de 1881. Pero ese triste y trágico desenlace merece una explicación. Hurguemos pues, un poco más, en los detalles.

Dos hechos, ambos relativamente justificables, jugaron en contra del Presidente y eventualmente le costaron la vida o por lo menos ayudaron a que la perdiera. El primero fue la selección de los cirujanos que deberían tratarlo. Todos, por lo menos todos los que tenían voz y voto en el asunto, comenzando por el más reconocido (y anciano) y arrogante de todos ellos, D. Willard Bliss, pertenecían a la por entonces denominada «escuela anticontagionista», o sea, los que no creían que existían gérmenes patógenos, bacterias y hongos, que podían contaminar una herida. Como lo declaró uno de ellos (el fellow surgeon del Hospital Belleview de Nueva York, doctor Alfred Loomis): «Dicen que esos gérmenes están en el aire, pero yo no veo esos gérmenes, por tanto, no tengo por qué creer que existen». Para estos señores solo había "miasmas" ambientales, o corporales que enfermaban a la gente, y el Presidente, obviamente, no estaba expuesto a ellas.

En el otro bando se encontraban los «contagionistas», mentes más jóvenes y abiertas que seguían los por entonces novedosos estudios de los europeos Lister y Pasteur, pero muy poco, o nada, tuvieron que ver estos caballeros, representantes de la verdadera ciencia (y del cercano futuro) en el tratamiento del herido.

El otro hecho fatídico, gravísimo en sí mismo, fue la bala que penetró por la espalda y no salió. El plomo que había herido el brazo de Garfield fue extraído (o salió por sí mismo, que eso no está claro) en los primeros momentos, pero la otra bala, la que penetró a nivel de la primera vértebra lumbar y no salió (hasta que fue encontrada en la autopsia alojada en la grasa retropancreática, un poco por detrás y algo a la izquierda del páncreas) se convirtió en una verdadera obsesión para los médicos.

Digamos, para ser justos, que fue una obsesión razonable, quizás un poco exagerada en este caso particular, pues se consideraba entonces que los plomos producían reacciones tóxicas dentro del organismo que terminaban por envenenar y matar a las personas. El que hubiera gente que llevaba dentro de su cuerpo proyectiles por años y años y se moría de otra cosa o de vejez era visto, y explicado, como una resistencia propia de ese organismo en particular, o sea, la excepción que confirmaba la regla.

Y al presidente Garfield no se le podía poner en riesgo dejándole una bala dentro del cuerpo, y, para ser sinceros, tampoco se debía poner en riesgo el prestigio de aquellos doctores, muy reconocidos todos, demostrando, en un personaje de semejante categoría, que eran incapaces de extraerla, algo que se consideraba era de práctica elemental. Y ambos hechos, como una tormenta perfecta, se sumaron en contra de Garfield.

Desde el mismo primer día, y varias horas por día, los médicos y sus ayudantes daban la vuelta a Garfield, lo colocaban boca abajo, con una almohada bajo el vientre para elevar la parte baja de la espalda, y comenzaban a hurgar en el pequeño orificio de entrada de la bala. Al principio lo hacían con una sonda metálica, sin esterilizar, por supuesto, luego con dos, ampliando un poco la herida (sin ningún tipo de anestesia, alegando que era peligroso para el herido al estar en decúbito prono), y cuando la ansiedad creció, con pinzas y con los dedos, siempre sin guantes y sin lavarse las manos, una práctica que no se pondría de moda hasta casi una década después.

A medida que el tiempo pasaba, hablamos de días, semanas y meses, la fiebre del paciente aumentaba, al extremo de delirar y tener convulsiones febriles, el pus drenaba cada vez más por el antiguo orificio, ahora convertido en una herida mucho más grande —las incisiones, irregulares y siempre abiertas, llegaron a alcanzar, hacia el final, unos 20 centímetros de largo—, el estado general del enfermo se deterioraba y la desesperación por no acabar de encontrar «la maldita bala» como expresó, exasperado, uno de los doctores, se incrementaba casi hasta el paroxismo. Añádasele a esto la presión popular y de la prensa, al tanto todo el tiempo de la salud del paciente. Unos doctores, después de horas de hurgar y hurgar, abandonaban la incesante búsqueda, cansados, frustrados, y quizás hambrientos, y otros ocupaban su lugar con la secreta, y no tanto, esperanza de ser ellos los descubridores del escurridizo y ominoso proyectil.

Tan insostenible se hizo la situación que el doctor Bliss tomó la decisión de llamar en su ayuda, debo decir en ayuda del herido, al inventor escocés (más tarde nacionalizado norteamericano) Alexander Graham Bell, el supuesto inventor del teléfono. La idea era que estrenara, por lo menos eso se dijo, su Induction Balance, un artefacto, una especie de detector de metales, en la martirizada espalda del paciente para

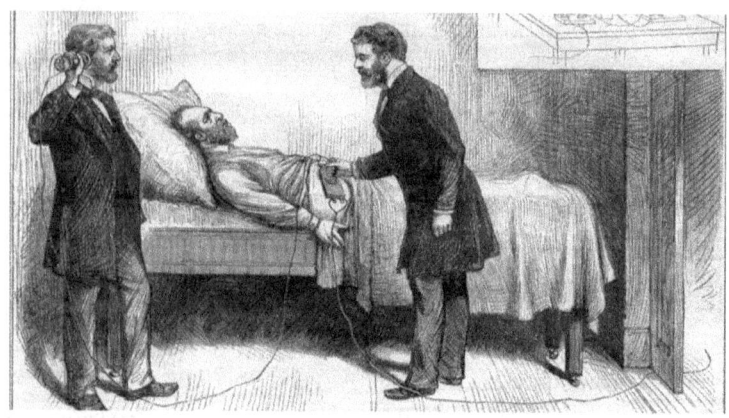

encontrar la bala.

Sea porque la cama donde yacía Garfield tenía un bastidor metálico, sea porque se buscó con detenimiento en el lado derecho (en la autopsia, como ya señalamos, el plomo se encontró en el lado izquierdo) de la espalda, lo cierto es que la maniobra fue un fracaso. Después de agradecer a Graham Bell, que no pasó factura económica por su esfuerzo, se continuó la búsqueda a mano. Pero todos los esfuerzos fueron en vano.

Alimentar al paciente, primero inapetente y luego, a medida que la infección se generalizaba, incapacitado de retener algo en el estómago e incluso de tragar, fue otro reto. Se intentó solucionar el problema con enemas de caldo de carne de res y de pollo, que en un principio parecieron funcionar pero que terminaron produciendo diarreas incoercibles que infectaban aún más, si eso era posible, las cercanas y abiertas heridas. Lo cierto es que el herido se desnutría y emaciaba a ojos vista.

El día 6 de septiembre un moribundo Garfield fue trasladado en un tren especial al pueblo de Elberon, New Jersey, el destino al que esperaba llegar dos meses y medio antes. La infección se había extendido a todo el organismo y ya mostraba depósitos purulentos en el abdomen, los pulmones, la garganta, el ano y la piel, además de los inevitables signos de fracaso orgánico masivo. Pero Garfield era un hombre extraordinariamente fuerte y continuaba, contra todo pronóstico, resistiendo.

Contra el criterio, y la frustración, de sus médicos, la familia dio por finalizada la azarosa búsqueda del proyectil. Solo quedaba rezar.

El 19 de septiembre en la tarde, Garfield, que aparentaba estar en coma profundo desde tres o cuatro días antes, abrió los ojos y dijo con tono quejumbroso: «¡*this pain, this pain!*» y acto seguido expiró. Había terminado la odisea personal de James Garfield y comenzaban las exequias del veinteavo presidente de los Estados Unidos, el segundo, pero por desgracia no el último, asesinado a balazos. Un presidente, por cierto, mucho más estimado y sentido por los norteamericanos de aquella época, a pesar del poco tiempo que pasó en el cargo, que lo que la historia parece reflejar hoy.

La otra cara de la moneda de esta historia es el asesino.

Ocho días antes de la muerte del presidente Garfield, uno de los guardias de la prisión donde el magnicida esperaba juicio (nos viene a la mente, inevitablemente, el asesinato de Lee Harvey Oswald) disparó a través de las rejas de la celda y no le atinó en la cabeza al preso por unos milímetros. Pero el sargento de armas John A. Mason, el hombre que intentó matar a Guiteau, a diferencia de Jack Ruby, fracasó en su intento. Fue degradado y condenado por un consejo de guerra a ocho años de trabajos forzados, y los cumplió casi en su totalidad. Una baja colateral.

El juicio de Charles Julius Guiteau comenzó el 14 de noviembre de 1881 en la corte del Distrito de Columbia y tal y como lo reflejó la prensa de la época, fue sensacional. La defensa alegó insania mental y el comportamiento del acusado, tanto antes del crimen como durante el juicio pareció confirmar el alegato.

La historia de este juicio —errores del juez, problemas con el jurado, discusiones entre el acusado y sus defensores, insultos del público, seguimiento amarillista de la prensa y otras anomalías— merece un artículo aparte. Pero dentro de tantas incoherencias quedó para la historia una frase del acusado que muy bien pudo haber sido una realidad: «*Yes, I shot him, but his doctors killed him*». Aunque realidad o no, el jurado lo declaró culpable y el acusado fue condenado a muerte. El 30 de junio de 1882 Guiteau, bien vestido y con los zapatos brillando por el betún, fue colgado.

En la autopsia realizada al cadá-

ver del ejecutado no se encontraron signos claros de sífilis, una enfermedad que se pensaba había agravado sus problemas mentales. Para el padre del asesino su hijo estaba poseído por el diablo, pero para algunos especialistas actuales Guiteau era un esquizofrénico, enfermedad que no se comprendía con claridad en ese entonces. Lo cierto es que el cerebro fue extraído y se conserva hoy, asómbrese, junto al de Albert Einstein en el Mutter Museum de Philadelphia.

Epílogo. El cirujano consultor neoyorquino Frank Hamilton, que participó del tratamiento del Presidente pero no fue el jefe del equipo, envió al Congreso un bill (una cuenta) por $25,000 dólares (se calcula que unos $600,000 al cambio actual) por sus servicios.

El Congreso, a regañadientes, aprobó solamente $5,000.

La muerte viaja en automóviles

Automóvil. ¿Qué es un automóvil?

El automóvil, según se suele definir, es un vehículo autopropulsado de transporte de personas y mercancías que no necesita carriles para moverse de un lugar a otro. Esa es una definición clásica y de cierta manera es un lugar común.

La enorme mayoría de los automóviles, millones y millones de ellos, cubren de mejor o peor manera sus funciones, nos agobian cuando nos rodean y atrasan en las calles y carreteras y luego, años más, años menos, desaparecen, convertidos en chatarra, para ser sustituidos inmediatamente por otros muy parecidos y usualmente más costosos.

Son, como casi todas las cosas e incluso infinidad de personas, flores de un día. Pero algunos de ellos, muy pocos en realidad, generalmente por avatares del diseño, de la ley, de la política, del arte o de la pura casualidad, que así es la vida, quedan como íconos de la historia. Son supervivientes que han ganado ese derecho por haber formado parte, involuntaria y casualmente, de acciones y decisiones humanas en su mayoría trágicas.

Recordemos, como de pasada, algunos de esos vehículos que, gracias a la tragedia, de uno, de algunos o de muchos, viven con nosotros en el recuerdo y la imaginería popular.

El Dodge 3700 GT de 1973 en el que viajaba el almirante Luis Carrero Blanco, presidente nominal de España durante el gobierno del Generalísimo Francisco Franco.

El auto fue volado el 20 de diciembre de 1973 en horas de la mañana por una enorme carga explosiva que levantó una buena parte de la calle y envió el vehículo hasta el techo (lo sobrepasó, unos 20 metros de altura, y cayó luego hacia un patio interior) de la denominada Casa Profesa, un anexo de la Iglesia de San Francisco de Borja, en Madrid, donde Carrero acababa de asistir a misa. La banda terrorista ETA fue la autora del atentado y los ejecutantes directos nunca fueron a la cárcel por este hecho, aunque sus nombres y alias llegaron a conocerse y publicarse.

Si tomamos en cuenta la magnitud de la explosión y la increíble distancia a la que fue proyectado, el automóvil demostró estar muy bien construido, al extremo de que dos de sus tres ocupantes, el chofer y un guardaespaldas de Carrero, sobrevivieron por un breve período de tiempo (minutos) a la brutal explosión y la subsiguiente concusión. Es muy probable, se nos ocurre, que ya hoy no se fabrique nada así.

Lincoln Continental modelo 1941 que manejaba Sonny Corleone cuando es ametrallado en un peaje de carreteras de Nueva York

Es ficción (la cinta, no el auto), esa magnífica e inolvidable ficción de la trilogía de *The Godfather,* pero forma parte desde hace tiempo del acervo cultural

de una buena parte de la población del planeta. Y, por cierto, no dejemos fuera de esta lista el Alfa Romeo 6C 2500 de 1946 donde pulverizan inmisericordemente a la bella Apollonia Vitelli-Corleone, la joven y recién estrenada esposa siciliana del por entonces fugitivo Michael Corleone.

Se puede hacer, y se ha hecho, un estudio sobre la recreación de los diferentes modelos de autos que aparecen en esta saga cinematográfica.

El dominicano Porfirio Rubirosa Ariza no vino de la nada.

Su padre era general y diplomático, lo que facilitó hasta cierto punto la carrera de viajero inveterado, inescrupuloso arribista y gigoló del hijo. Lo cierto es que Porfirio enamoró, en sentido figurado, al dictador Rafael Leónidas Trujillo y le sirvió con fidelidad hasta el final de la vida de este. También conquistó con desvergüenza y maestría (Y según Truman Capote con el enorme tamaño de su pene) a innumerables mujeres, sobre todo señoras famosas y millonarias con las que solía casarse.

Nos dejó de herencia, que sepamos, una sola frase brillante: "Casi todo el mundo quiere hacer dinero, yo prefiero gastarlo". Dicen que los creadores de James Bond se inspiraron, en parte, en su personalidad y su prestancia.

Todo le funcionó de maravilla hasta que los frenos (o el alcoholismo de "Porfy") de su Ferrari 250 GT convertible construido en 1963 le traicionaron proyectándolo contra un roble. Tenía 56 años, vivió a lo grande y murió, guiando un Ferrari, en el Bosque de Bolonia de París.

Unas cuantas bellezas le lloraron. ¿Qué más se podía pedir?

Unos años antes, el antiguo jefe y protector de Rubirosa, el tirano Trujillo, conocido también por «Chapitas», había sido muerto por un grupo de sus propios subalternos en una carretera de la capital dominicana. El Chevrolet BelAir azul celeste modelo 1957 en el que se desplazaba quedó hecho un colador.

Pero seamos justos con la historia. El hombre, un tipo sádico y pervertido, murió peleando como un hombre.

¡Ah, otro detalle! Trujillo podía haber tenido cualquier

automóvil, un Cadillac blindado, un Mercedes Benz del año, una limousine, lo que fuera, pero lo cierto es que adoraba su Chevrolet ya un poco pasado de moda. ¡Qué ironía!

De vez en cuando aparecen bólidos literarios, escritores que en muy pocos años recorren el camino que a otros les lleva mucho tiempo o simplemente no logran terminar. Al arribar a los cuarenta años, y en plenitud de facultades, el Franco argelino Albert Camus ya era mundialmente conocido. A los 44, en 1957, ganó el Premio Nobel de Literatura y se convirtió en un referente intelectual de la equidistancia entre la izquierda y la derecha políticas.

A los 47 años (1960) murió instantáneamente cuando el lujosísimo Facel-Vega FV3B modelo 1958, conducido por el sobrino del editor Gaston Gallimard, sufrió el reventón de una goma delantera y se estrelló a gran velocidad contra un árbol en la carretera de Borgoña, muy cerca del pueblo de La Chapelle Champigny, Francia.

El automóvil se partió en tres pedazos. Siempre ha existido la versión, nunca probada, de que la KGB soviética tuvo algo que ver con el accidente.

El día antes de su muerte, escribiendo involuntariamente su propio epitafio, Camus dijo: «No conozco nada más idiota que morir en un accidente de auto». Cierto.

El pintor estadounidense Jackson Pollock, una estrella de primer orden de su generación artística, y uno de esos verdaderos creadores con los que los coleccionistas y galeristas de arte hacen millones, murió aún más joven que Camus. Tenía solo 44 años cuando a altísima velocidad, el 11 de agosto de 1956, volcó su Oldsmobile convertible de 1954 en una carretera secundaria de Springs, Nueva York.

Guiar vertiginosamente estando borracho como una cuba, y pintar, fueron sus dos pasiones. La primera de ellas lo mató. La segunda lo hizo inmortal.

En este Graf & Stift Double Phaeton descapotable de cuatro cilindros construido en 1910 murieron solo dos personas, pero esas muertes condujeron a la desgracia de millones más, convirtiendo a este pretérito vehículo en uno de los más trágicos de la cruenta historia de la humanidad.

Las dos personas asesinadas a balazos por un terrorista fueron, Francisco Fernando, Ar-

chiduque de Austria-Este, heredero del trono Austrohúngaro y su esposa la Condesa Sofía Chotek. Este magnicidio aceleró la declaración de guerra de Austria contra Serbia que desencadenó la gigantesca carnicería que fue la Primera Guerra Mundial.

Usted puede ver hoy este viejo automóvil, muy bien conservado, eso sí, en el Museo de Historia Militar de Viena. Una curiosidad: el museo vienés donde se encuentra expuesto el vehículo fue intensamente bombardeado durante la Segunda Guerra Mundial y mu-

chos de los objetos expuestos fueron destruidos o seriamente dañados. Al auto de marras no le pasó absolutamente nada. ¿Suerte?

ಞ ఞ

Solo tres películas filmó James Byron Dean en su corta carrera: *Al este del Edén; Rebelde sin causa,* y *Gigante* (hizo de extra en otras cuatro que poco merecen recordarse) y eso bastó para convertirlo en una figura icónica del cine. Jimmy era un tipo amable pero un poco raro, bajito y bizco, pero con un magnetismo especial en la pantalla.

Y tenía una pasión. Su Porsche Spyder 550 de 1954. El 30 de septiembre de 1955 Dean, acompañado de su mecánico, guiaba a velocidad bastante moderada su Porsche por la carretera de Cholame, California, cuando en el cruce 41-46 se le atravesó a gran velocidad una camioneta Ford Tudor. No pudo o no supo esquivarla y se estrelló frontalmente contra ella por el lado izquierdo. James Dean murió instantáneamente al rompérsele el cuello.

El Porsche, muy inseguro en aquel tiempo, se deshizo. Tanto el mecánico del auto de James Dean como el chofer de la camioneta sobrevivieron, aunque con heridas de cierta consideración.

Dos horas antes del fatídico encontronazo le habían puesto un ticket a Dean por exceso de velocidad. Por eso decidió ir un poco más despacio.

La leyenda cuenta que el actor Alec Guinness le había vaticinado a Dean que se mataría en ese auto: «Jimmy, no conduzcas ese coche, con él te vas a matar antes de una semana» dicen que le dijo. Otros actores y amigos de Dean, la cantante Eartha Kitt y la actriz Ursula Andress entre ellos, se habían negado a acompañarlo en paseos con el susodicho vehículo al que él mismo llamaba cariñosamente *"My Little Bastard"*. Es probable que la razón no fuera el automóvil en sí mismo sino la mala visión y lo errático del manejo del propio Dean. Por cierto, el mecánico y entrenador Rolf Wutherich, que casi inexplicablemente sobrevivió para contar el accidente, murió en un choque de carretera en Alemania en 1981.

༄ ༅

El mexicano José Doroteo Arango Arámbula, mundialmente conocido como Pancho Villa, uno de los pocos guerreros que se ha atrevido, entre otras muchas cosas atrevidas, a invadir los Estados Unidos, dejando por detrás en llamas la pequeña ciudad de Columbus, en Nuevo México.

No entraremos en detalles de la compleja y violenta historia de la Revolución mexicana en la que Villa jugó un papel de primer orden. Solo mencionaremos el hecho de que las luchas, a veces intestinas, a veces abiertas, de las diferentes facciones solían terminar en batallas campales, ejecuciones sumarias y asesinatos.

En el caso de Pancho Villa esas pugnas hacen eclosión una vez más cuando aparentemente este se ha retirado a la vida civil y a la atención de su hacienda de Canutillo, en Durango. Los generales Álvaro Obregón y Plutarco Elías Calles, que conocen muy bien a Villa, y detentan el poder en la capital del país, temen un nuevo regreso de este a las armas y deciden eliminarlo.

El 20 de julio de 1923, cuando Villa se dirige acompañado por sus guardaespaldas y su secretario particular a una fiesta dada en su honor en Parral, Chihuahua, es asesinado a balazos por un grupo de pistoleros comandados por el coronel Lara, un mercenario al que le pagarán, se dice, $50,000.

El cadáver destrozado de Pancho Villa quedó colgando de una puerta de su amado automóvil, su juguete preferido, un Dodge con capota abatible de 1921. Nunca Villa había sido alcanzado por los asesinos, que fueron muchos, mientras anduvo a caballo. Al "Centauro del Norte", otro de sus motes, no le resultó favorable la modernización vehicular.

༄ ༅

A Las divas del arte, sobre todo las de la danza y el cine, no siempre han tenido una relación amable con los vehículos de motor.

Los dos hijos (Patrick y Deirdre) de la formidable bailarina Isadora Duncan murieron ahogados cuando el auto marca Argyll de 1912 en el que viajaban cayó a al río Sena en 1913. En 1927 le tocó a ella.

El 14 de setiembre de 1927, de paseo en Niza con uno de sus muchos amantes, Isadora Duncan viajaba en un Amilcar GS de fabricación francesa, modelo de 1924, cuando la estola pintada a mano, un echarpe de seda, que llevaba al cuello se enredó en los radios de la rueda trasera izquierda del vehículo, estrangulándola fulminantemente.

La lengua viperina de Gertrude Stein emitió este epitafio: *"La afectación, mi amiga, puede ser muy peligrosa"*.

Entre *Catorce horas*, de 1951 y *Alta sociedad*, de 1956 solo hubo otras nueve películas, pero bastaron para convertir a Grace Patricia Kelly en una gran estrella de Hollywood, una estrella de verdad, con un Oscar —*La angustia de vivir*— y dos Globos de Oro. Pero el 16 de abril de 1956 todo eso se acabó y ella pasó a llamarse Princesa serenísima Grace de Mónaco Grimaldi. Un cuento de hadas.

A los 52 años, en 1982, su Rover P6 de 1981 la mató en una curva de una carretera de montaña cerca de Mónaco.

¿Iba ella realmente guiando el coche o era su hija?

Nunca lo sabremos.

A Vera Jayne Palmer nadie la conoce, pero si decimos su nombre artístico, Jayne Mansfield, la cosa cambia. Jayne vivió rápido, muy rápido e intensamente. Hizo teatro, publicidad, modelaje, televisión, 29 películas. Posó varias veces en portadas y artículos centrales de la revista *Playboy*

(Fue una de las playmates más populares de su tiempo), ganó un Golden Globe, un Golden Laurel y un Theatre World Award, trabajó en *night clubs* y ganó mucho dinero, tocaba el piano, algo de violín y cantaba con bastante afinación. Una joya.

¡Ah! Y se casó tres veces y tuvo cinco, sí, cinco hijos.

Todo terminó cuando a su lujoso Buick Electra 225 de 1966 se le ocurrió meterse, a alta velocidad, debajo del tráiler de un camión cuando viajaban de noche en la carretera entre Biloxi y Nueva Orleans. La cama del tráiler, que literalmente arrancó el techo del auto en que viajaba Jayne, casi la decapita. Su llamativo rostro quedó irreconocible.

Tenía al morir 34 años. ¿Si eso no es vivir rápido?

༄ ༅

Decir «Garganta Profunda» es mencionar a la película pornográfica más vista y comentada de la historia del cine, y de paso, es hablar, tangencialmente, del Caso Watergate.

Pues bien, la estrella de esa cinta fue una muchacha de cara ovalada y cuerpo esbelto, nacida en Yonkers, Nueva York, hija de un policía, que conoció la pobreza, el abuso marital e incluso la prostitución. Se llamaba Linda Susan Boreman. Pero todo eso cambió cuando Linda se convirtió en Linda Lovelace y filmó, de la mano del productor y director Gerard Damiano, aquel fenómeno de éxito que ya mencionamos: Garganta Profunda.

Un fenómeno de éxito que se debió, en buena medida, a la censura. Los ataques del gobierno norteamericano a la película produjeron, no podía ser de otra forma, que cientos de miles de personas se interesaran por verla. Pero ese es otro tema. Lo cierto es que Linda no supo aprovechar ese éxito y su vida volvió a hundirse en los problemas.

El 22 de abril del año 2002 el pequeño Ford que manejaba Linda quedó fuera de control y se volcó, matándola. Tenía 54 años, vivía sola y no era feliz.

George S. Patton fue un gran general. Un hombre nacido en 1885, en la época de los caballos y las cargas de caballería, se convirtió en un líder nato y extraordinariamente creativo de fuerzas blindadas. «Sangre y agallas», el mote que le pusieron sus propios soldados, en muchas cosas se adelantó a su tiempo.

Pero como no era perfecto, nadie lo es, se las ingenió para buscarse problemas con casi todo el mundo, desde soldados de filas a los que puteó e incluso pegó, hasta sus superiores (Eisenhower, Montgomery) e incluso gobiernos extranjeros (La Unión Soviética de Stalin). Se ha dicho que tenía cierta tendencia a la depresión, o que sus actitudes eran bipolares. En fin, la realidad es que, como enemigo, en la guerra, era temible, pero en la paz se encontraba fuera de ambiente.

El 8 de diciembre de 1945, mientras circulaba por una calle de una pequeña población de la Alemania ocupada, el Cadillac 1944 modificado para usos militares en el que viajaba el general chocó, a muy baja velocidad, con un camión militar que estaba cruzando la vía. El accidente no tuvo mayor importancia y de hecho todos los acompañantes de Patton sufrieron solo lesiones leves, pero el general quedó paralizado del cuello hacia abajo por una lesión en las vértebras cervicales. Doce días después moría por un fallo cardiaco.

Patton, que era partidario del enfrentamiento militar con los rusos y lo decía a quien quisiera oírlo, resultaba muy incómodo para el mando supremo norteamericano. No hay la menor prueba de que el accidente que le costó la vida fuera provocado por alguien externo, pero cada cierto tiempo surge una nueva

teoría conspirativa.

El tiempo dirá, o no.

El Oldsmobile Delmont 88 de 1967 cayó de costado al agua del estrecho de Chappaquiddick, en la punta este de la isla de Martha's Vineyard, Massachusetts. El auto, después de golpear el agua en la noche oscura, flotó brevemente y bruscamente se volteó. Entonces, con lentitud, se fue hundiendo dejando salir de su interior una cascada de burbujas.

Uno de sus dos ocupantes, el Senador federal de los Estados Unidos Ted Kennedy, se las ingenió para salir del vehículo y regresar al camino. Lo que ocurrió hasta la mañana siguiente nunca ha sido completamente aclarado pero lo cierto es que la otra persona dentro del vehículo, la joven de 28 años Mary Jo Kopechne, no pudo ser salvada y

aparentemente murió ahogada, o peor, sofocada al terminarse el oxígeno dentro de la cápsula de aire que se formó dentro del automóvil.

No hubo autopsia legal del cuerpo de la muchacha, Ted Kennedy recibió una sentencia suspendida por negligencia y su carrera hacia la presidencia de los Estados Unidos se vio definitivamente cortada. La magnífica escritora Joyce Carol Oates ha escrito una novela sobre el tema (hay entre 15 y 20 libros más que no son de ficción). La recomiendo.

Que la ficción a veces nos hace más luz que la propia historia.

De España escuchábamos canciones como «Noelia»; «Te quiero, te quiero»; «Cartas amarillas»; «Libre»; «Un beso y una flor»; «Esa será mi casa», y «Es el viento»… para qué seguir? Son del cantante Luis Manuel Ferris Llopis, pero para nosotros y para el mundo es Nino Bravo.

De dependiente de la cafetería del aeropuerto de Valencia, Nino Bravo saltó a la fama internacional en solo cuatro años. Un hecho curioso: Nino, al momento de morir, tenía mucho más éxito en Latinoamérica que en la propia España, aunque ya se estaba imponiendo allí por la fuerza de su voz y la calidad de sus canciones.

El 16 de abril de 1973 Nino debía viajar a Madrid desde Valencia para una sesión de grabaciones. Usualmente lo hacía en avión, pero pocos días antes había comprado un BMW 2800 del año 1970 y quería probarlo, digámoslo mejor, quería correrlo y demostrar a sus amigos la gran potencia del vehículo. Era un carro de segunda mano, pero en magníficas condiciones y con muy poco kilometraje. A poca distancia del pueblo de Villarubio Nino perdió el control del auto, que se salió de la autopista y dio dos vueltas de campana. Nino Bravo, el cantante, murió en la

ambulancia (tenía un hemoneumotórax bilateral y otras lesiones abdominales) pero Nino Bravo, la leyenda nació en ese instante.

Correr automóviles a velocidades de vértigo, correrlos profesionalmente es riesgoso, quizás no tanto como en los tiempos dorados de los Ascari y los Portago, pero no deja de ser una apuesta contra el destino.

Ayrton Senna da Silva ganó el campeonato mundial de Fórmula 1 tres veces. Para muchos conocedores del mundo del automovilismo fue el piloto con mejor técnica y el más dominante de la historia de este deporte.

Se pudiera hablar de Juan Manuel Fangio, pero Senna murió a los 34 años, casi seguro en su mejor momento en las pistas. Aunque eso nunca lo sabremos, pudo, de haber seguido como iba, haber superado al propio Fangio. Es, además, uno de los deportistas más conocidos, admirados y queridos en el mundo, no solo en su natal Brasil, donde es un dios, por lo menos tanto como Pelé y Maradona.

La competencia del Gran Premio de San Marino 1994, en Imola, comenzó mal desde las prácticas. El día antes de la largada se había matado el corredor austriaco Roland Ratzenberger, lo que afectó a todos los participantes. Al comenzar la carrera hubo un accidente en la vuelta 6 que le hizo perder tiempo a todos los competidores y puso ansioso a Senna que estaba buscando un buen puntaje para lograr su cuarto campeonato del mundo.

En la vuelta 7 (curva de Tamburello) el Williams FW 16 de Senna siguió inexplicablemente en línea recta y golpeó el muro de contención a casi 300 kilómetros por hora. Un pedazo de metal atravesó el casco del joven como si fuera una bala y le destrozó el cerebro.

Hasta el año 2007 la empresa Williams no aceptó que el accidente se produjo por la mala calidad de la barra de suspensión del vehículo que, al partirse, le hizo perder a Senna el control

del carro en la curva. Un millón, o más de personas asistieron a su entierro en la ciudad de Sao Paulo.

El actor californiano Paul Walker hizo su carrera cinematográfica y televisiva alrededor de los automóviles de alta gama y gran velocidad. Su saga *Fast & Furious* termina en la película número siete, y no continúa porque Paul, su carismático personaje principal, ya no está para darle vida.

El accidente en el que perdió la vida no ocurrió en una competencia de velocidad o en la filmación de una película de aventuras sino en una calle cualquiera del barrio de Valencia, un lugar periférico de la ciudad de Santa Clarita, California. Como paradoja final, Paul Walker viajaba como pasajero en el Porsche Carrera GT 2005 rojo de su propiedad. El vehículo, que se desplazaba a relativamente poca velocidad, colisionó contra un poste eléctrico al tener, al parecer, un proble-

ma mecánico. El Porsche explotó y los cuerpos de los dos jóvenes quedaron irreconocibles.

🙢 🙠

Diana Frances Spencer, para todos la Princesa Diana, o mejor, Lady Di.

¿Accidente, negligencia, irresponsabilidad criminal, persecución de la prensa, asesinato, conspiración de estado? Todas esas sospechas y teorías, y muchas más, se han manejado profusamente en el catastrófico final de la joven y noble británica

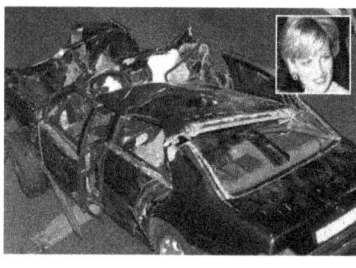

Se ha escrito tanto sobre el tremendo impacto del Mercedes Benz S280 negro de 1995 con la decimotercera columna del túnel de la Place de l'Alma, en París, a 190 kilómetros por hora, que corremos el riesgo de ser redundantes. Lo cierto es que Diana, que sufrió traumatismos internos gravísimos (entre ellos el desplazamiento del corazón hacia el lado derecho con desgarro del pericardio y de las arterias pulmonares) luchó por su vida durante casi cuatro horas.

Lo último que he leído es que el auto había sufrido un accidente anterior y se le iba a dar de baja de la flota del hotel Ritz. Digo mal, esa información es la penúltima, porque Diana de Gales seguirá siendo noticia por mucho tiempo.

🙢 🙠

No tanto como Diana de Gales, pero también mundialmente conocidos, aunque por causas muy diferentes, son la pareja formada por Bonnie Elizabeth Parker y Clyde Champion Barrow, Bonnie and Clyde.

Delincuentes de poca monta, se convirtieron en muy poco tiempo, cuatro años cortos, en los criminales más buscados de los Estados Unidos. Se desplazaban de un estado al otro en el mítico Ford V8 B400 coupe de 1932 al que le cambiaban las placas constantemente.

En ese mismo coche serían emboscados y muertos por la policía, en un camino secundario, el 16 de enero de 1934. Se contaron 170 orificios de bala en el auto. Clyde murió inmediatamente. Bonnie tuvo tiempo de gritar. El cadáver de Clyde presentaba unos 40 orificios de bala y el de Bonnie tenía entre 50 y 60 heridas penetrantes según el médico forense, pero cosa curiosa, aun sostenía firmemente en la mano derecha el sándwich de jamón que estaba desayunando.

Murió con hambre.

Morir joven

Morir, pues sí, por supuesto que alguna vez hay que morirse, pero... ¿cuándo?

El poeta y periodista mexicano Manuel Gutiérrez Nájera, uno de los iniciadores del modernismo literario, escribió, y cumplió cabalmente, pues moriría a causa de la hemofilia a los 35 años, esta estrofa final en su poema «Para entonces», publicado poco tiempo antes de su fallecimiento: *Morir, y joven; antes que destruya / el tiempo aleve la gentil corona, / cuando la vida dice aún —soy tuya— / aunque sepamos bien que nos traiciona.*

Aunque los versos son poética y formalmente muy buenos, la idea de morir en la plenitud radiante de la vida física e intelectual —una idea que choca frontalmente con el natural y muy humano instinto de conservación— no es en sí misma novedosa. Un personaje histórico de la categoría de Alejandro de Macedonia, el Grande, ya pensaba así, y murió, muy joven (33 años), unos 23 siglos antes de que naciera Gutiérrez Nájera.

Y no fue el único: Antes que él, Aquiles, el de los pies ligeros, y su gran rival, el príncipe troyano Héctor, murieron de manera violenta y ambos extremadamente jóvenes. Es notorio que a diferencia de Aquiles, una especie de semidiós de vivir apurado y muerte anunciada, Héctor quería seguir viviendo en paz junto a su mujer y a sus hijos, aunque no desdeñó la muerte, que sabía casi inevitable, cuando el deber de defender su ciudad se la impuso. También lo es que Patroclo, el gran amigo, o el gran amor de Aquiles, como usted prefiera, muerto en combate por la mano de Héctor, no era más que un adolescente, casi un niño, algo que veían con buenos ojos los griegos clásicos, mucho menos remilgados que nosotros al aceptar la homosexualidad y la pederastia, en este y en muchos otros casos, como un hecho común y completamente natural entre los hombres de guerra, y entre los de paz también.

Con 33 años de edad, igual que Alejandro, pero con una forma de ver, enfrentar y explicar la vida diametralmente diferente, muere, torturado y clavado en la cruz, Jesús, el Cristo. Muere por nosotros y nos deja una figura, que aunque doliente, se mantiene perpetuamente joven en el imaginario religioso y, sobre todo, en el fervor popular. Jesús, que según la tradición es hijo de Dios y dios él mismo, rompe la sempiterna norma no escrita de que los hijos deben enterrar a sus padres. Quizás por eso, y siguiendo una vez más la tradición, Dios, el padre, lo resucita a los tres días. Pero no importa si en verdad volvió a la vida o no, ya nos demostró con su martirio que podía morir, y morir joven y durar para siempre.

Jóvenes mueren, entre muchos otros personajes históricos, el faraón egipcio Tutankamón (fallece alrededor de los 18 o 19 años), el rey visigodo Recaredo II (alrededor de los 20 años) y los casi 30,000 jovencitos y adolescentes de la un poco (o bastante) mítica Cruzada de los Niños de 1212. A los 19 años es quemada viva la francesa Juana de Arco y a los 31 matan en una emboscada al valiente y magnífico táctico militar y despiadado político César Borgia, hijo de Rodrigo Borgia (Papa Alejandro VI). Fue César Borgia un personaje sumamente interesante y que ha cargado en sus espaldas con una leyenda negra que no es del todo cierta, lo que no quiere decir que fuera un santo, que muy pocos lo eran en aquellos años turbulentos. Tan interesante es este Borgia que entre otras cosas es posible que haya prestado su juvenil rostro, sin quererlo él mismo, para representar al Jesucristo que vemos usualmente dibujado en pinturas, esculturas, grabados y estampas.

En la flor de la vida se fueron también el pintor italiano Masaccio (27 años), el rey Felipe I de Castilla, "el Hermoso", (28 años), el hombre que le sorbió el seso a la pobre Juana la Loca, la hija de los Reyes Católicos; Emily Bronte, la autora de *Cumbres Borrascosas* (30 años), los poetas ingleses John Keats (26 años) y Percy Bishey Shelley (30 años), el escritor español Mariano José de Larra (27 años) y el tenista y aviador militar francés Roland Garros (29 años), famoso hoy por el torneo internacional de tenis que lleva su nombre.

Pero lo cierto es que morir joven no tenía la misma connotación milenios o siglos atrás, cuando la perspectiva de vida

de la población general era estadísticamente muy baja, que la que tiene hoy en día. Morir a los 33 años en la época de Alejandro el Magno, en la veintena en los tiempos de Recaredo II o incluso a los 19 años en la de Juana de Arco resultaba un evento bastante común y aceptado por todos sin demasiados aspavientos. Sin embargo hoy, con unas expectativas de vida que duplican y hasta triplican las de aquellas épocas, una muerte en las primeras décadas de la vida nos parece no solo prematura sino escandalosa.

Y aún más llamativa y publicitada es esa muerte, la que sea, mientras más exitosa, rica y famosa es la persona que nos abandona, sobre todo si el deceso es inesperado, autoinflingido o por causas violentas.

Repasemos entonces algunos casos recientes, unos pocos, porque la lista es lamentablemente larga, tanto que a veces pareciera que la gloria tiene un precio en años dejados de vivir demasiado elevado. Aunque, y ya es tiempo de decirlo, esos años dejados de vivir se convierten muchas veces en una gloria mayor, la del recuerdo que no cesa y que muchas veces no hace más que crecer y deformarse hasta convertirse en mito.

Nos viene a la mente preguntarnos, creo que es legítimo hacerlo, si un Alejandro el Grande, una Juana de Arco, un Blaise Pascal, un Mozart, un Billy the Kid, una María Montez, un Franz Kafka, un José Asunción Silva, un Rodolfo Valentino, una Jean Harlow, un Federico García Lorca, una Lupe Vélez, un George Gershwin, una Iréne Némirovsky, un Manolete, una Carole Lombard, un Antoine de Saint-Exupéry, un John Garfield, un John F. Kennedy, una Sylvia Plath, una Marilyn Monroe, un Malcolm X, un Bruce Lee, un Pedro Infante, una Miroslava, una Selena Quintanilla, una Diana de Gales, un Antonio José de Sucre, un José Martí, por incluir algunos ejemplos algo más cercanos a nosotros, todos muertos en la cima de sus posibilidades humanas, artísticas, económicas, políticas e históricas, hubieran muerto de viejos ¿qué sería de sus figuras en el imaginario popular? Pues… no sabemos, que eso queda a la imaginación de cada cual. Pero dejemos por un momento el inasible futuro y concentrémonos en lo que ya no tiene remedio.

Comencemos, para entrar en materia, por recordar la triste historia de «El día en que la música murió».

El frío anochecer del martes 3 de febrero de 1959 tres jóvenes que comenzaban a hacer historia en la música norteamericana contratan, por $36 cada uno, un Beechcraft Bonanza, un pequeño avión privado fabricado en 1947, para evitar tomar el ómnibus, incómodo, frio y traqueteante (los tres están cansados y con gripe), que los está llevando de gira por el nevado centro norte de los Estados Unidos.

Son el texano Buddy Holly, de 22 años, que en la estela de Elvis Presley y Paul Anka acaba de grabar «It Doesn't Matter Anymore» que alcanza ya el primer lugar del *hit parade* nacional, el méxico-americano Ricardo Valenzuela Reyes, conocido por todos como Ritchie Valens, de 17 años, que acaba de dar un palo de nivel internacional con una canción veracruzana del siglo XVII y de autor desconocido titulada «La Bamba» y el también texano Jiles Perry Richardson, que se presenta como locutor de radio con el sobrenombre de The Big Bopper, de 28 años, que se había decidido, después de pensarlo mucho, a cantar profesionalmente acompañándose él mismo con la guitarra y había empujado un año antes su balada «Chantilly Lace» al primer lugar del *hit parade* norteamericano.

La avioneta despega, pilotada por Roger Peterson, de 21 años y con 711 horas de vuelo, sin contratiempos aparentes. Se eleva hasta 800 metros de altitud, gira a la izquierda, se mete de lleno en un banco de nubes densas de aguanieve y se pierde. No hay radares que la sigan que estamos en el campo. Seis o siete minutos después se estrella, en picado, contra un campo cultivado. Del avión quedan solo restos retorcidos y los cadáveres de Holly, Valens y Booper se esparcen por el campo. El piloto, que no estaba preparado para volar por instrumentos, muere aplastado contra el timón.

Entre los cuatro cadáveres

suman, sumaban, 88 años.

Luego vinieron las reclamaciones, las peleas, los abogados, las herencias (bastante magras) los debates en la prensa y las recriminaciones, pero todo eso ya es historia pasada. Contemos solo una anécdota que marcó, para mal, la vida de un buen amigo de Holly por muchos años. Buddy Holly le dijo en broma, unos minutos antes de partir, a uno de los músicos de su banda que estaba molesto porque no quería que aquellos tres muchachos se subieran a esa aeronave tan frágil en una noche como aquella, y para colmo, pilotada por un tipo que parecía un bebé de primaria: «¡Espero que te congeles en tu ómnibus, man!» Y este, su amigo, le contestó. ¡Bueno, yo espero entonces que tu fucking viejo avión se estrelle!

Y así fue.

La lista de actrices y actores cinematográficos fallecidos en plena niñez, adolescencia o juventud por diversas causas es enorme: Lucille Ricksen, Natalie Wood, Gerard Philipe, Matthew Garber, Sharon Tate, John Belushi, Sal Mineo, Anissa Jones, Heather O'Rourke, Dominique Dunne, James Dean, Robert Knox, Michelle Thomas, Judith Barsi, Heath Ledger, Lisa Robin Kelly, Corey Haim, Jonathan Brandis, Ashleigh Aston Moore, Soledad Miranda, Johnny Lewis, Thuy Trang, Lucy Gordon, Brad Renfro, Brandon Lee (el hijo de Bruce, también muerto muy joven), Michael Cuccione, River Phoenix (el hermano de Joaquín), Cory Monteith, Skye McCole, Chris Farley, Chris Penn (el hermano de Sean), Dana Plato, Paul Walker y Brittany Murphy, por citar unos pocos.

Pero queremos referirnos con más detenimiento, quizás sea un capricho personal, a uno que murió no demasiado joven: John Cazale.

Pregunta de Trivia: ¿Quién es el único actor en la historia de la cinematografía en el que todas, absolutamente todas las producciones en las que trabajó fueron nominadas a mejor película en los Premios Oscar?

Respuesta: John Cazale.

Sí, estimado lector, leyó bien; John Cazale ha sido el único actor en la historia del cine en el que todas las películas en las que actuó fueron nominadas al Oscar. Un *record* difícil, muy difícil de emular.

Veamos cuáles fueron esos largometrajes: *El Padrino I* (1972), *La conversación* (1974), *El Padrino II* (1974), *Tarde de perros* (1975), *El Cazador* (The Deer Hunter 1978) y *El Padrino III* (1990). Cuando Cazale actuó en la penúltima cinta se estaba muriendo de cáncer de pulmón y Robert DeNiro (como un hermano para él) tuvo que poner su salario en prenda para que lo dejaran terminarla, pero lo hizo, y la película fue un éxito. En la última producción Cazale llevaba muerto doce años y lo pusieron a trabajar en un cameo con material de archivo.

Fue John Cazale un maestro del teatro, incluso del shakesperiano más exigente (En el teatro conoció a Meryl Streep y Al Pacino), y uno de esos hallazgos que cambian para siempre la actuación secundaria en grandes superproducciones. Fue un tipo simpático, aunque no lo pareciera en la pantalla, y un amigo de sus amigos. Fue un factor de equilibrio en el *set* y fuera de el a pesar de sus un poco extraños papeles de perdedor.

En algún momento han preguntado a los actores, directores y guionistas Robert DeNiro, Al Pacino, Meryl Streep (que fue su novia y estuvo con él hasta el final), Gene Hackman, Francis Ford Copolla, Sidney Lumet, Frank Pierson, Michael Cimino, John Savage, Christopher Walken, Steve Buscemi, Sam Rockwell y Richard Dreyfus acerca de que actor ha influido más en ellos a través del tiempo. Todos respondieron lo mismo: John Cazale. La siguiente pregunta se refería al mejor actor como compañero de plató en filmaciones difíciles. La respuesta, pues claro, John Cazale.

Acababa de cumplir 42 años al morir.

Dejemos el cine y adentrémonos en el complicado mundo de la música. Conozcamos, con el pecho apretado, «El Club de los 27».

Mientras dormitaba o ya inconsciente, probablemente a causa de las drogas duras, en la piscina de su casa se ahogó, el 3 de julio de 1969, el guitarrista y compositor de la banda The Rolling Stones, Brian Jones.

Tenía al morir 27 años. Cosas así eran relativamente comunes en aquellos años desatadamente locos de la era de la Guerra de Viet Nam, solo que un año después, en 1970, moría asfixiado por su propio vómito el que ha sido considerado por los especialistas

el mejor guitarrista de la música pop, el norteamericano Jimi Hendrix, y tenía también 27 años al fallecer. El mismo año, solo 16 días después de Hendrix, expira en su cama, por una sobredosis de heroína y alcohol, y a los 27 años, la irreverente e icónica cantante norteamericana Janis Joplin. Seis meses después, en julio

de 1971, muere, por una insuficiencia cardiaca de etiología muy poco clara, quizás también inducida por las drogas y el alcohol, el cantante de la banda The Doors Jim Morrison. Tenía… pues sí, amable lector, tenía 27 años.

¿Qué significa esto? Pues… una simple casualidad, ¿no?

Solo que esa simple casualidad ha despertado el interés, el morbo más bien, de millones de personas y los casos de importantes figuras de la música que han muerto a los 27 años de edad, antes y después de los cuatro originales miembros del llamado Club de los 27 se han multiplicado. Y mucho.

Veamos algunos ejemplos.

Todos saben que Kurt Cobain, cantante y guitarrista de Nirvana, se suicida en 1994 y que la formidable cantante de jazz y R&B Amy Winehouse se mata bebiendo botella tras botella de vodka en el 2011, los dos, claro está, a los 27 años.

Lo que ya no tantos conocen es que a los 27 años de edad mueren el compositor brasileño Alexandre Levy en 1892, el músico norteamericano de ragtime Louis Chauvin en 1908, el guitarrista de blues y compositor Robert Johnson en 1938, el pianista de jazz Nat Jaffe en 1945, el saxofonista Bob Gordon en 1955, el cantante de rhythm and blues Jesse Belvin en 1960, el boricua y cantante de tríos y boleros Cheíto González en 1962, el cantante de la banda Spanky and Our Gang Malcolm Hale en 1968; el músico de bandas Alan Wilson en 1970; el director y músico de Dyke & the Blazers Arlester "Dyke" Christian en 1971; el miembro de Grateful Dead Ronald "Pigpen" McKernan en 1973 y el cantante de Bloodstone Roger Lee Durham también en 1973.

Y ahí terminamos con esto, ¿no?

De ninguna manera, estimado lector. En 1974 se mata en un accidente de aviación, por supuesto, a los 27 años, Wallace Yohn, cantante de Chase; el músico de The Stooges David Michael Alexander se suicida en 1975, el compositor y cantante Pete Ham también se suicida el mismo año y el músico de bandas Gary Thain muere en ese mismo y fatídico 1975. Y continuamos. La compositora y magnífica cantante (la compararon y la comparan todavía con Joan Manuel Serrat) Cecilia (Evangelina Sobredo Galanes) muere en un accidente de carreteras en 1976.

En 1977 muere el tecladista de Triumvirat Helmut Kollen, en 1978 el cantante de Icewater Chriss Bell, en 1985 se mata en un accidente D. Boon, músico de The Minutemen, en el 89 se estrella con su motocicleta el pianista Pete de Freitas y en 1993 asesinan a Mia Zapata, la cantante de The Gits.

¿Terminamos?

No, no, que va. Kristen Pfaff, músico de Hole muere por una sobredosis de heroína en 1994, Richey James Edwards desaparece sin dejar rastro, claro, con 27 años, en 1995, el tecladista Fat Pat es asesinado en 1998 y el cantante de Lost Boyz Freaky Tah también es asesinado en 1999. El pianista japonés Kami muere de un accidente vascular cerebral en 1999, el cantante español Rodrigo Bueno se va en el 2000, el músico norteamericano Sean

McCabe muere también en el 2000, la española María Serrano, voz de Passion Fruit fallece en un accidente de aviación en el 2001, Jeremy Ward, músico de The Facto muere de una sobredosis de heroína en el 2003, también de una sobredosis fallece Bryan Ottoson, de American Head Charge, el mexicano sinaloense Valentín Elizalde es asesinado en Reynosa en el 2006, el trompetista Richard Turner se despide en el 2011 y la mezzosoprano austriaca Nicole Bogner fallece en el 2012 probablemente a causa de un cáncer.

¿Ahora sí terminamos con esta atroz lista, no es cierto?

Sí, por el momento sí. Pero… quien sabe…

¡Solavaya!

Cerremos este breve ensayo recordando la muerte de dos famosos caballeros que, aunque no tan jóvenes al momento de fallecer, se encontraban todavía en la cima de sus carreras (quizás descendiendo ya de ella) y fueron, y siguen siendo, sin la menor duda, dos íconos de la juventud (y de los no tan jóvenes) norteamericana, latinoamericana y mundial: los norteamericanos Elvis Aaron Presley y Michael Joseph Jackson.

El 16 de agosto de 1977 en algún momento de la madrugada, cerca del amanecer, muere físicamente, a los 42 años de edad, Elvis Presley. Para el autor de este ensayo la persona que fallece en el interior del gigantesco y estrafalario cuarto de baño con un trono negro brillante como inodoro, espejos, televisores, teléfonos y ducha circular de tres metros de diámetro de la mansión de Graceland no es Elvis Presley. Y no lo es porque se haya escapado dejando otro cuerpo, como alegan algunos, o por una de esas extrañas teorías conspirativas tan al uso, no, sino porque el Elvis Presley de mi adolescencia y mi juventud (y también el que todavía escucho en discos seleccionados) ya no habitaba aquel corpachón obeso y blando atiborrado de calmantes, analgésicos, antihistamínicos, sedantes, antidepresivos, antibióticos y de cuánto se le ocurra.

Mi Elvis Presley personal no es precisamente el del *rock and roll* (en realidad el denominado *rockabilly*, esa fusión de *rhythm and blues* y música country con tempo acelerado y bailes acrobáticos), aunque eso no quiere decir que no lo disfrutara en su momento, sino el de la dicción perfecta, el de la tremenda y cálida voz de «Love me tender», «The wonder of you» y el sonido profundamente afroamericano de «Amazing Grace», que por algo Elvis se crió en el sur profundo y metido en las iglesias. Y por supuesto, esa soberbia Trilogía Americana, sobre todo el *Himno de Batalla de la República* que (por lo menos a mi) eriza los pelos.

Hablar de las causas de la muerte de Elvis Presley es repetir y repetir lo que tantas veces se ha dicho. Obesidad descontrolada, sobredosis de algún medicamento (se encontraron cifras importantes de 16 drogas distintas en su cuerpo), arritmia cardiaca, infarto del miocardio (no parece haber sido esta la causa aunque tenía ya una severa ateroesclerosis coronaria), estreñimiento crónico con impactación fecal (una posible causa de arritmia cardiaca de esfuerzo), esteatosis hepática con daño celular avanzado, hipertensión arterial severa para la que consumía diversos medicamentos y un serio desbalance en sus sistema nervioso acompañado de una depresión crónica.

¿De que murió entonces Elvis Presley?

Pues para mí, murió de éxito. El jovencito amable e inseguro de Tupelo no pudo con tanto, que a veces la gente cree que el dinero y la fama no matan, pero sí, de vez en cuando lo hacen, y cuando lo hacen, lo hacen muy temprano.

¿Y el otro?

Pues el otro, Michael Jackson, de jovencito no tenía nada al momento del óbito, pero lo parecía, o quería parecerlo, que es una obsesión peligrosa.

Al igual que en el caso de Elvis Presley, las horas finales de Michael Jackson han sido relatadas extensa y morbosamente por la prensa y son bien conocidas por el público. Un hombre de una gigantesca energía que le permitió trabajar en los escenarios, los estudios de grabación y los sets de filmación de videoclips (los mejores de la historia de la música en su momento y ahí siguen) desde niño como un galeote, se había vuelto frágil y se estaba viniendo literalmente abajo en los últimos años de su carrera.

Resulta evidente que Jackson no podía con la carga que él mismo se había impuesto para realizar un tour mundial con 50 presentaciones públicas en stadiums y salas gigantescas. De hecho, no pudo terminar ni uno solo de los ensayos previos. Es lamentable decirlo, pero el Michael Jackson en vivo que nos deslumbró alguna vez y por casi cuarenta años ya estaba acabado.

Y él lo sabía.

El que conoce algo del mundo de la música moderna sabe que el subidón de adrenalina al que están sometidos constantemente los artistas de espectáculos de masas es enorme y termina por pasar la cuenta. Y el eterno adolescente, el jovencísimo Michael Jackson en realidad tenía cincuenta años de edad al momento de fallecer.

¿Fue el Propofol, un anestésico mal administrado por un médico irresponsable? ¿Fue la mezcla de benzodiacepinas, calmantes y analgésicos? ¿Fue el insomnio pertinaz y casi imposible de tratar? ¿Fue el lupus eritematoso sistémico que padecía desde hacía años? ¿O fue la suma de todo esto?

Fue la suma de todo y la llama permanentemente encendida de un genio enorme de la música, la coreografía, la danza, la producción artística y el canto que se apagó de pronto. Y cayó, de golpe, en la mañana del 25 de junio del 2009, el telón.

Pero el espectáculo debe continuar.

Y continúa.

Muertes oscuras

Y de muertes así, oscuras, extrañas, sospechosas, sin explicaciones claras y definidas, o con muchas posibles explicaciones contradictorias, no concordantes, está llena la azarosa historia de la humanidad.

¿La historia, y solo la historia?

Qué decir entonces de la completa extinción de nuestros primos los neandertales, quizás la primera limpieza étnica total de la que tengamos sospechas y barruntos dispersos, que no pruebas definitivas... todavía. O avanzando en el tiempo el denominado «colapso maya», esa súbita mengua y casi completa desaparición de la cultura urbana del período maya clásico de las zonas bajas de Mesoamérica para la que se han invocado unas noventa explicaciones diferentes. Entre ellas las rebeliones campesinas, la invasión extranjera, las peleas intestinas por el poder, las luchas religiosas, las epidemias, el bloqueo comercial, varios graves problemas ecológicos, sobre todo el mal manejo de la rotación de tierras y las sequías extremas, sin contar teorías economicistas como la del antropólogo norteamericano Joseph A. Tainter sobre la competencia comercial y los rendimientos marginales decrecientes y muchas otras, a cuál más complicada. Pero lo que se dice saber las verdaderas causas del desvanecimiento, o muerte, de esa civilización, pues no, no las sabemos.

Se trata, que remedio, de la muerte oscura de toda una civilización.

O mirando hacia el sur. ¿Fueron los Hanau Momoko u «hombres de orejas cortas», trabajadores de las canteras y sirvientes, los que liquidaron a los Hanau Eepe u "hombres de orejas largas", los potentados y dueños de canteras de piedra y animales, hace unos 400 años retrotrayendo la Isla de Pascua a la Edad de Piedra, liquidando la cultura de los moais, esas extrañas esculturas de piedra que miran impasibles, e incluso introduciendo el canibalismo de subsistencia? No estamos completamente seguros de eso pero la evidencia arqueológica y biológica (ADN y ARN) crece con el tiempo.

Entre los gobernantes egipcios, los faraones, y entre los sumerios, los acadios, los asirios e hititas, los reyezuelos del Valle del Indo, los minoicos, las dinastías chinas de la era confuciana y del período de los estados combatientes (se denominó así a ese período histórico porque las guerras civiles eran devastadoras y permanentes), los fenicios, los hebreos mosaicos, los celtas, los etruscos, los persas y en general en cualquier territorio donde se desarrollaba la civilización y con ella el poder y la guerra, las muertes oscuras, las no naturales, eran, más que excepciones, la norma no escrita de acceder al gobierno.

Familias de baja procedencia que viniendo de la nada se convierten en dinastías, líderes surgidos del entorno de otros líderes asesinados o fallecidos en extrañas circunstancias, reinados y satrapías que se suceden unas a otras gracias a la desaparición física de los anteriores mandamases, y así, con las limitaciones que van imponiendo con muchísimo trabajo las leyes y la opinión pública, los cada vez más complicados medios de difusión y las instituciones sociales y políticas, nos vamos acercando al mundo de hoy. Un mundo aparentemente mucho más transparente e informado pero en el que siguen aconteciendo muertes muy oscuras.

Escojamos, entre muchos posibles ejemplos históricos, un caso de muerte oscura bastante bien conocido por la tradición pero muy mal documentado. El de Alejandro el Grande, quizás el general más brillante de la historia.

El príncipe macedonio Alejandro III, nacido en Pela un día impreciso del 356 ANE, hijo del rey Filipo II y de Olimpia de Epiro, se educó militarmente con su padre, un tipo duro y obstinado decidido a hacer de Alejandro un buen guerrero a como diera lugar, y con los mejores generales que servían a este. E intelectualmente su formación corrió nada más y nada menos que de la mano de Aristóteles. ¿Cuántos podrían presumir de un maestro así? Todo esto, unido a su valor personal y su don natural para el mando y el pensamiento táctico y estratégico lo convirtieron en el hombre que conquistó casi todo el mundo conocido de la época antes de cumplir 32 años.

Las batallas de Gránico (334 ANE), Issos (333 ANE), Gaugamela (331 ANE), la Puerta Persa (330 ANE) e Hidaspes (326 ANE), que dirigió y ganó con ejércitos de muy reducidas dimensiones (comparado con el de sus oponentes, a veces 1 a 10) se siguen estudiando hoy en día en las escuelas militares de todo el mundo.

Pero además de un gran general, Alejandro fue un político y legislador de altura. Y también un diplomático que supo (y pudo) en ocasiones poner sus gustos sexuales a un lado para establecer alianzas necesarias.

Vivió a la carrera, contra reloj, como diríamos hoy. Tenía el presentimiento (y las predicciones de los oráculos) de que moriría joven, y estando en el palacio de Nabucodonosor II, en Babilonia, y faltando aproximadamente un mes para cumplir los 33 años de edad, Alejandro se enfermó de muerte. Sus soldados desfilaron para verlo por última vez. Un premio y un adiós a la gloria, un asomarse al insondable abismo del futuro.

Según un cronista de la época Alejandro murió con el sol (alrededor de las cinco de la tarde, como los grandes toreros). ¿Lo envenenaron con estricnina, arsénico o raíz de heléboro (que en dosis pequeñas era también una medicina), lo mató la Fiebre del Nilo (una encefalomielitis viral endémica transmitida por mosquitos que sigue haciendo estragos hoy en esa zona), la fiebre tifoidea o la malaria, murió de una leucemia aguda o de extenuación por una vida de excesos sin freno, tuvo el alcoholismo algo que ver en su fallecimiento o lo mató una vieja herida de saeta en un pulmón, o quizás fue una pancreatitis aguda producida por comer y beber en demasía o las toxinas y bacterias patógenas de las aguas del río Styx, enviadas desde Macedonia, con alevosía, para que no volviera?

Que por inventar teorías se ha llegado a plantear que Alejandro, aburrido de una vida de glorias sin par, tomó la decisión de suicidarse, o esta otra un poco más razonable que nos habla de que sus generales, preocupados al verlo demasiado enfermo, lo mataron para que muriera todavía en su plena belleza de héroe griego.

Todas esas y unas cuantas hipótesis más pueden haber sido las causas de su fallecimiento pero lo cierto es que tenía enemigos y rivales a montones y muchos beneficiarios de su herencia política y de poder territorial. Hecho que complicó él mismo al declarar, cuando le preguntaron, que su inestable imperio lo heredara el general más decidido y más fuerte (los historiadores modernos discuten esto pero lo cierto es que los antiguos lo repetían como un mantra). Estamos, y todo indica que seguiremos estando, como al principio. No sabemos qué car... mató a Alejandro de Macedonia en la flor de su juventud y su poder. Y parece ser que continuaremos sin saberlo.

Echemos ahora un vistazo a la historia como cuento.

La mitología del Rey Arturo fue una parte muy importante (Ivanhoe y Robin Hood fueron las otras) de mi descubrimiento adolescente de la literatura medieval. La maravillosa ciudad de Camelot, ese castillo en la colina que deslumbró a los Kennedy; la invencible, y cantadora, espada Excalibur atrapada en su piedra y que solo un elegido, Arturo, podría sacarla; el caballero Lanzarote del Lago; el poderoso y espiritual Santo Grial, la copa de la Ultima Cena, y su permanente búsqueda; el gentil Sir Percival;

la peligrosa y bella Hada Morgana y el también poderoso y siempre distante mago Merlin; la Tabla Redonda, esa especie de ONU de los caballeros andantes; el diestro Sir Gawain; Uther Pendragón, padre de Arturo; la bellísima y enamoradiza reina Ginebra; Sir Galahad; la misteriosa e inencontrable Isla de Avalon; Igraine, la Reina Madre; la Dama del Lago, siempre lista a recibir de vuelta, en su mano blanca que emergía de las aguas, la espada Excalibur; Tristán e Isolda y tantos otros íconos relacionados con el amable, justo, e improbable Arturo de Bretaña.

Iconos que tocaron también la imaginación de artistas como William Shakespeare, J.R.R. Tolkien, Isaac Albéniz, Robert Bresson, Thomas Malory, Richard Wagner, Harold Foster, Rosalind Miles, Walt Disney, Geoffrey Chaucer, Mark Twain, Lord Tennyson, Jorge Luis Borges, Gustave Doré, John Steinbeck, T.S. Eliot, José Zorrilla, Dante Gabriel Rosetti, Thomas Mann, Chrétien de Troyes y W.B. Yeats por mencionar a solo unos pocos de los hombres de letras, músicos, compositores, pintores, grabadores, cineastas y poetas que le han cantado con sus obras.

Pero... ¿vivió realmente en la Bretaña un rey llamado Arturo? Y si vivió. ¿Cómo murió?

La discusión acerca de la primera pregunta no corresponde a este breve ensayo. En cuanto a la segunda la mayoría de las leyendas artúricas plantean que fue su propio hijo, Mordred, procreado con el Hada Morgana, el que lo mató, al tiempo que Arturo lo mataba a él, durante la mítica batalla de

Camlann.

Pero no olvidemos que otras sagas cuentan que Arturo, ya viejo, se retiró con sus penas a la Isla de Avalon, y allí murió muchos años después. Pero... hablamos de penas. Pues sí, porque Ginebra, la adorada esposa de Arturo, se fugó con Lanzarote, dejando al rey desolado y algo peor, humillado. Y Morgana, media hermana de Arturo y a su vez madre de Mordred, tampoco se llevaba muy bien con él que digamos, razones todas para que la muerte de Arturo no fuera todo lo clara que nos gustaría que fuera.

Maldita y siempre atravesada historia, como dice un amigo mío. Dejemos estar en paz al buen Rey Arturo, que prefiero recordarlo así, caballeroso, heroico e invencible, como en mis lecturas adolescentes.

Después de esta incursión al mito volvamos a la realidad pura y dura.

Es verdad que la palma de las muertes históricas oscuras se la llevan los gobernantes, los políticos, los legisladores y los guerreros, pero las artes y la cultura no se mantienen siempre a un lado, ¡qué va! Los ejemplos sobran, pero tomemos, con uno basta, el de un genio de la composición musical.

Joannes Chrysostomus Wolfgangus Theophilus Mozart, complicado nombre que se resume en el mundialmente conocido Amadeus Mozart, nació en la musical ciudad de Salzburgo, Austria, en el año 1756. Niño prodigio y genio indiscutido de la composición, dejó, en una vida bastante desordenada y cortísima, alrededor de 600 obras musicales, casi todas obras maestras. El compositor clásico Joseph Haydn dijo de él: «La posteridad no verá tal talento otra vez en cien años». Y probablemente se equivocó porque 250 años después se sigue citando a Mozart entre

los más grandes. Y no son muchos.

Un talento enorme, de acuerdo, pero también el un poco alocado y en ocasiones arrogante Mozart era capaz de generar, no tenía forma de evitarlo, una envidia enorme. Murió a los 35 años de edad y en la cima de sus facultades creadoras. Podemos imaginar lo que hubiera hecho este hombre de haber contado con veinte años más, por decir una cifra cualquiera, pero… ¿de qué murió en realidad Mozart? Pues la verdad es que no lo sabemos.

Veamos lo que cuenta en su libro Niemetscheck, el primer biógrafo de Mozart, un contemporáneo que obtuvo muchos datos y documentos de Constanze, la mujer y madre de los hijos del compositor:

En su vuelta a Viena se incrementó visiblemente su indisposición y lo hizo estar terriblemente deprimido. Su esposa estaba realmente apenada por ello. Un día iba paseando por el Prater con él, para darle una pequeña distracción y entretenimiento y, estando sentados, Mozart comenzó a hablar de la muerte y afirmó que estaba escribiendo un Réquiem para sí mismo. Las lágrimas comenzaron a caer por los ojos del sensible hombre; —Siento definitivamente —continuó— que no estaré mucho más tiempo; estoy seguro de que he sido envenenado. No puedo librarme de esta idea.

Lo cierto es que Mozart empeoró. La inflamación de manos y pies que ya tenía se extendió a todo el cuerpo al extremo de que ya no podía virarse por sí mismo en la cama, acto seguido aparecieron nauseas y vómitos que se hicieron incoercibles, diarreas, dolores musculares y articulares agudos acompañados de crisis febriles que necesitaban compresas de vinagre frío para evitar que el paciente delirara. Mozart se moría, pero estuvo consciente, y tratando de terminar la composición de su Réquiem —cuando trabajaba en algo era así de obsesivo— hasta unos pocos días antes del fallecimiento.

El certificado de defunción, expedido por el doctor Nicolaus Closset, médico del teatro de la opera y, por cierto, con bastante mala fama profesional, señala «una fiebre miliar» (una especie de erupción en la piel, algo frecuentísimo entonces) como causa de muerte. Pero lo cierto es que no se le hizo autopsia «*por el gran mal olor y las abundantes secreciones internas del cadáver*».

Dejando de lado el envenenamiento criminal, o sea, el mito (o no tanto) de Salieri y otros envidiosos, capaces de matar a Mozart, se han barajado muchas causas posibles para explicar una muerte tan temprana: La fiebre reumática (que parece haberla padecido desde niño) con daño valvular cardiaco. Una triquinosis producida por la carne de cerdo casi cruda que consumía el compositor abundantemente y con frecuencia. La infección estreptocóccica de la garganta complicada con una insuficiencia renal aguda. Una hipertensión arterial juvenil maligna, también complicada con una insuficiencia renal aguda, una insuficiencia cardiaca aguda (edemas) y una hemorragia intracerebral como cuadro final y, por último, el envenenamiento involuntario con antimonio, perfectamente posible debido a que muchas medicinas de la época, expectorantes, purgantes, eméticos, contenían este tóxico, y Mozart, que era un hipocondríaco compulsivo se tomaba casi todo lo que le recomendaban. Un dato curioso: el antimonio no fue oficialmente declarado en Europa como veneno humano hasta 1866.

Otra muerte, la de Mozart, muy poco clara, pero dejemos en paz, no nos queda de otra, al pobre Mozart y saltemos al siglo XX, un siglo oscuro donde los hay. Hablemos un poco del final de tres hombres, figuras cimeras los tres, de sistemas políticos totalitarios que han costado millones de vidas y sufrimientos inenarrables no solo a sus conciudadanos sino a una buena parte de la humanidad.

Vladimir Ilich Uliánov (1870-1924), conocido mundialmente por su alias o nombre de guerra de Lenin, fue un político y revolucionario comunista ruso que logró, aprovechando el caos de la Primera Guerra Mundial, apropiarse para su partido y para él mismo, del derrocamiento del zarismo en Rusia e implantar allí una dictadura bolchevique.

Pasó Lenin, de la vida errante y a menudo llena de dificultades, prisiones, deportaciones, exilios, disputas partidarias y estrecheces económicas del revolucionario profesional a convertirse, con la demostrada ayuda del gobierno alemán, en el dueño de un país enorme y muy atrasado en el que comenzó a endiosársele en muy poco tiempo. Razón por la que sus padecimientos físicos y enfermedades dejaron de ser temas médicos y personales para convertirse en asuntos de estado cubiertos por el más riguroso secreto. ¿No le suena eso como algo bastante común, querido lector?

Desbrozar las causas de la temprana y bastante peculiar muerte de Vladimir Lenin, una muerte difícil de explicar por el estrés y el exceso de trabajo dedicado al «Pueblo» y al «Partido», como dijeron sus apologistas y los que le sucedieron en el poder, no es tarea sencilla para los historiadores y los paleopatógrafos.

Cuatro son los temas a dirimir (son los más invocados) como causas etiológicas en el fallecimiento de este hombre de 53 años:

- Murió a causa de una sífilis terciaria, algo muy común en aquella época, pero un diagnóstico muy difícil de digerir para sus hagiógrafos (hay pruebas que tenía tratamiento médico para esa enfermedad desde 1896).

- Murió envenenado por arsénico y yoduro de potasio utilizado en exceso por sus médicos para tratar la sífilis que supuestamente padecía.

- Fue asesinado por Stalin, utilizando como sicario para el envenenamiento a Genrij Yagoda (que poco después sería ejecutado por el propio Stalin) o a algún otro, para eliminar al hombre que comenzaba a cuestionar su manejo, muy poco ortodoxo, del buró político y el comité central del Partido Comunista de la Unión Soviética, o. como señalaron solo ocho de los 27 médicos (los 19 restantes pagarían con su vida el atrevimiento) que firmaron su certificado de defunción.

- Murió a causa de una precoz aterosclerosis producida por su exceso de trabajo y su dedicación a pensar y escribir sobre la causa comunista y el futuro de la revolución.

Nunca lo sabremos con certeza, o en este caso particular quizás sí, algún día, pero la historia de su muerte por el exceso de «trabajo mental» dedicado a la clase obrera y al Partido Comunista, esa oscura muerte, se irá desvaneciendo con el tiempo y la fría y atemporal realidad.

Iósif Vissariónovich Dzhugashvili, internacionalmente conocido por su nombre de guerra de Iósif Stalin (1878-1953),

un individuo gris y manipulador, fue el sustituto de Lenin al frente de la Unión Soviética.

Stalin liquidó moral y físicamente a todos los hombres que llevaron adelante la Revolución de Octubre (Trotski, Kámenev, Zinoviev. Bujarin, Radek, Smirnov, Tomsky, Rakovski, Piatakov, Sokólnikov, Krestinski, el húngaro Béla Kun y muchos otros. Y también destruyó a dos tercios de la oficialidad, los más capacitados, del Ejército Rojo, incluyendo a la plana mayor de las fuerzas armadas rusas: Entre ellos el Mariscal Tujachevski, los generales Yakir, Uborevich, Kork, Eldeman, Prymakov, Putna, Feldman, Gamarnik, el mariscal Blykher, que había sido un par de meses antes el fiscal de Tujachevski —justicia poética— y centenares de otros altos oficiales, una de las causas probables de la debacle del Ejército Rojo al principio de la Segunda Guerra Mundial.

Vencedor al fin, junto con la Inglaterra de Churchill y los Estados Unidos de Roosevelt y Truman, en la Segunda Guerra Mundial, la salud de Stalin, hasta ese momento incólume, comienza a deteriorarse a partir del año 1950. El proceso final de la decadencia de Stalin coincide con el denominado «Complot de los Médicos», en el que nueve doctores, de los que ocho eran judíos, fueron torturados (dos murieron en los interrogatorios llevados a cabo en la Lubianka) y juzgados bajo la acusación de tratar inadecuadamente, con el propósito de incapacitarlos o matarlos, a los miembros del buró político del partido comunista de la Unión Soviética.

Visto así pudiera dar la impresión de que ese supuesto *complot* tuvo algo que ver con el deterioro del dictador, pero la realidad, y hay documentos y declaraciones posteriores de testigos para confirmarlo, es que Stalin, con evidentes trastornos en su reconocida agudeza mental y en su capacidad cognitiva, entra en un período de paranoia aguda que pone en peligro, una vez más, a todo su entorno y a sectores enteros de la población soviética.

De hecho, el arresto de los galenos es decretado por Stalin cuando el profesor V. N. Vinogradov, su médico personal, le anuncia que la hipertensión arterial que padece desde hace años está fuera de control y que debe hacer dieta, eliminar el vodka, el coñac y el vino georgiano y tomar un descanso de las tareas de gobierno. Otra versión achaca el acontecimiento a la denuncia de una doctora que le escribe en persona a Stalin y otra más que es el propio Stalin el que dice que una doctora fue la que le contó de la supuesta traición y no sus servicios de inteligencia. O una suma de todas, que es lo más probable.

Alrededor de las cuatro de la mañana del primero de marzo de 1953, Stalin, que le ha estado exigiendo esa noche a Beria, el jefe de la NKVD, una confesión detallada de la traición de los médicos, tiene una disputa con este y con otros miembros del Politburó, o, según algunos historiadores, no pasó nada de esto y se limitaron a ver una película y a comer y a beber abundantemente hasta altas horas de la madrugada.

Aquí comienza un período de cinco días, terminará el 5 de marzo a las diez y diez de la noche, en que no se sabe exactamente que pasó en aquella dacha con este hombre. Lo cierto es que al día siguiente, el 6 de marzo, se anuncia al público su muerte, accidente cerebrovascular dice el certificado de defunción, y entre enormes manifestaciones populares de luto y la rendición de honores políticos y militares comienza el fin de una era.

Ocho años antes había muerto en su bunker Adolfo Hitler (1889-1945). Contar una vez más su historia nos parece redundante. Lo cierto es (o parece ser) que el 30 de abril de 1945 Hitler, y la que es su esposa desde hace unas horas, Eva Braum, se suicidan en los sótanos de la Cancillería del Reich.

Todo parece muy claro, pero... el problema estriba en que los rusos se adueñan del cadáver de ambos y nunca los cuerpos vuelven a aparecer. Una fotografía del cuerpo achicharrado de Hitler, entregada por los rusos, puede ser verídica, o no. Nada prueba su veracidad. Otra fotografía del cadáver, con su típico bigote y el rostro chupado, antes de ser incinerado, se ha demostrada falsa.

Entonces..., pues entonces debemos aceptar que Adolfo Hitler se suicidó de un disparo en la sien, utilizando una pistola Walther PPK de 7,65 mms. y su mujer, Eva, lo hizo con cianuro. Y el cadáver, secuestrado por los servicios especiales rusos (SMERSH), desapareció. Hoy sabemos que Stalin sembró, a propósito, dudas sobre el destino del cuerpo de Hitler para manipular la información al principio de la Guerra Fría, alegando que los occidentales le habían permitido escapar en un submarino.

Pero seguimos sin tener evidencias de la existencia, o no, de ese cuerpo. Algunos documentos desclasificados en los años 90 afirman que los cuerpos de Hitler y Eva Braum fueron, por órdenes de Yuri Andropov, nuevamente quemados y luego triturados por la KGB, y entonces arrojados, en 1970, al río Biederitz, un afluente del Elba.

Así de simple o así de oscuro. Usted dirá.

Mencionábamos más arriba el crecimiento y desarrollo de la información mediática, pero como entender entonces, mirando a través de ese prisma, la (ausencia de) explicación del asesinato del presidente norteamericano John F. Kennedy (1917-1963) al mediodía del 22 de noviembre de 1963. Ningún magnicidio ha producido más investigaciones, artículos, libros, películas y comentarios de opinión que este.

Si hay una muerte oscura es la de este hombre. Y estamos hablando, por supuesto, de la segunda parte del siglo XX.

Las extrañas muertes del actor y especialista en artes marciales hongkonés Lee Jun-fan Bruce Lee (1940-1973), de la actriz norteamericana Norma Jeane Mortenson, mundialmente conocida por su nombre artístico de Marilyn Monroe (1926-1962), del primer ministro sueco Olof Palme (1927-1986), de la Princesa de Gales Diana Spencer (Lady Di, 1961-1997) y mucho más recientemente la del fiscal argentino Natalio Alberto Nisman (1963-2015), aunque mucho menos mediáticas a nivel global que la de Kennedy, la más escandalosa de todas, por mucho, entran de lleno en la categoría de muertes oscuras.

Hugo R. Chávez Frías (1954-2013).

Después de suspender una gira diplomática por Brasil, Ecuador y Cuba debido a una inflamación en la articulación de la rodilla (9 de mayo del 2011), pasando por la incisión de un absceso pélvico (10 de junio del 2011), la resección de un tumor con "células cancerosas" (30 de junio del 2011), una nueva y no explicada intervención el 26 de febrero del 2012, el anuncio, por él mismo, de un posible sucesor el 8 de diciembre del 2012, la realización de una cuarta intervención quirúrgica el 13 de enero del 2013, el regreso a Venezuela, uno más, el 18 de febrero del 2013 y el informe oficial de su muerte el 5 de marzo del propio año, los 21 meses de evolución médica del líder venezolano dejan muchas más dudas y suspicacias que aclaraciones.

Chávez parece haber padecido de un leiomiosarcoma del suelo pélvico, un tumor maligno muscular raro y de pronóstico muy reservado. Pero eso no es más que una conjetura que se desprende de las pocas informaciones dadas en Caracas y en La Habana, lugar del tratamiento básico, escogido por él mismo, del presidente.

Incluso la fecha real de su muerte y el lugar de la misma, su cadáver no fue mostrado al público, se encuentran cubiertas, aún hoy, por una nebulosa.

Otra de esas muertes oscuras que parecen incrementarse con el paso de los años.

Una más. Pero no la última.

ACERCA DEL AUTOR

Félix J. Fojo

www.felixfojo.com

....

La Habana, Cuba

RESIDE
....

Puerto Rico

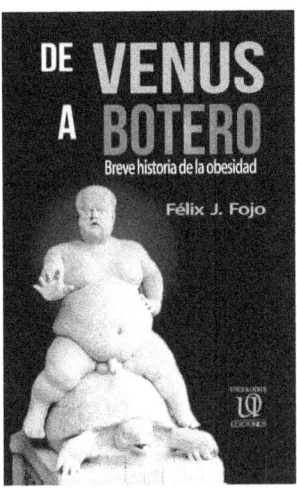

Es médico, divulgador científico y un apasionado de la historia. Exprofesor de la Cátedra de Cirugía de la Universidad de La Habana. Es editor de la revista *Galenus*.

Entre sus libros publicados: *Caos, leyes raras y otras historias de la Ciencia; De Venus Botero; De médicos, poetas, locos.. y otros; No preguntes por ellos.*

Otros títulos

UN LIBRO DIFERENTE, POLÉMICO

LAS CULTURAS SE ENRIQUECEN, SE INTERCAMBIAN CONSTANTEMENTE, MÁS ALLÁ DE LOS CRITERIOS PERSONALES TANTO DE BABALAWOS COMO DE SANTEROS.

NELSON ABOY

www.ingramcontent.com/pod-product-compliance
Lightning Source LLC
Chambersburg PA
CBHW031357040426
42444CB00005B/321